Franz Schumann

Wachsam nach innen und außen

Franz Schumann

Wachsam nach innen und außen

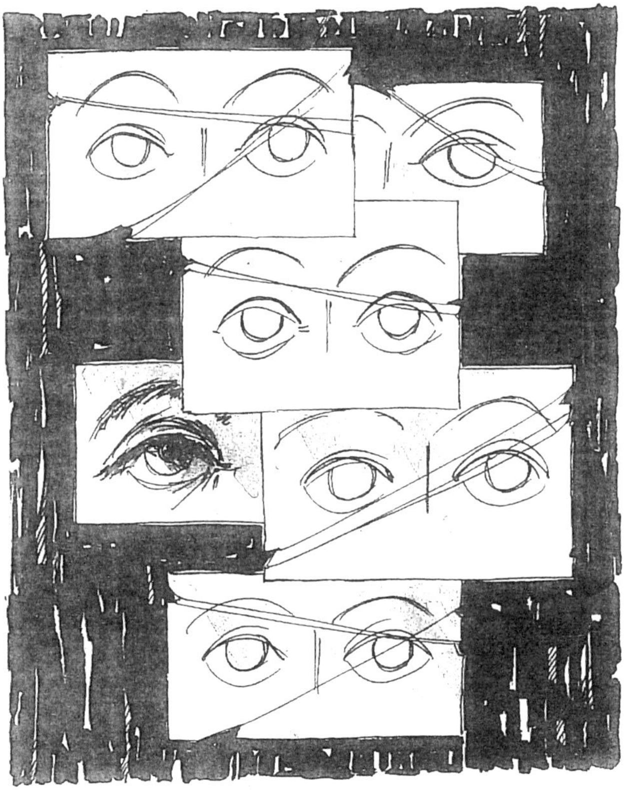

Vorwort

Gegen Ende seines Lebens schrieb Martin Heidegger, der als einer der bedeutendsten Philosophen des zwanzigsten Jahrhunderts in Deutschland galt:

„All meines Sinnes Trachten ist am Ende. Nur noch ein Gott kann uns retten. Uns bleibt als einzige Möglichkeit, ein Denken und Dichten, eine Bereitschaft vorzubereiten auf das Erscheinen Gottes oder für die Abwesenheit Gottes im Untergang."

Dieser Band hat bescheidenere Ambitionen, er möchte anregen, wachen Sinnes auf die Signale zu achten, die in der Außen- und Innenwelt auf uns eindringen.

Impressum

Autor:	Pfarrer Franz Schumann
Beratung:	Sr. Dr. Johanna Kurić
Illustration, Titelbild:	Isabella Kurić
Verlag:	Bauer-Verlag, 87677 Thalhofen www.verlag-bauer.de Tel.: 08345 / 1601, info@verlag-bauer.de
ISBN:	978-3-95551-031-2
Auflage:	1. Auflage 2015

Großer Dank gebührt

Sr. Dr. Johanna Kurić vom Karmel Heilig Blut Dachau
für ihre engagiert kritische Begleitung
und die Hinweise

Vor allem dem Verlegerehepaar Elisabeth und Josef Bauer

Frau Isabella Kurić für die zeichnerische Gestaltung

Frau Kristina Rundt für das Lektorat

Frau Meral Leyla für „Computer-Assistenz“ bei mir

Inhalt

Die neue Wirklichkeit feiern

Von Menschen, die ein schweres Leben schultern mussten, bekam ich nicht selten zu hören: „Ich bin ungeliebt aufgewachsen." Eltern lieben meist ihre Kinder, sind aber oft nicht in der Lage, ihre Gefühle zu zeigen.
Ähnliches sagte ein Arzt in der Klinik: „Mein Beruf ist meine Religion, da bin ich unbedingt gefordert und oft überfordert. Aber Zeit für den Besuch einer Kirche finde ich nicht." Karl Rahner sprach von „anonymen Christen". Doch was zählt wirklich?

Paulus bringt es auf den Punkt: „Und gäbe ich meinen Leib zum Verbrennen, hätte aber die Liebe nicht, wäre ich nichts." (1 Kor 13) – In der Tat: Gerechtigkeit ohne Liebe macht hart, manchmal sogar brutal. Sparsamkeit ohne Liebe macht geizig. Freundlichkeit ohne Liebe macht heuchlerisch. Glaube ohne Liebe wird fanatisch. Wo sie sich aber nicht ausdrücklich ausspricht, trägt sie den Keim der Entfremdung in sich.
Recht streitbar zeigte sich Jesu Liebe, wenn es um die Heiligkeit Gottes und des Tempels ging. Empört über das Treiben der Händler, trieb er die Tiere aus dem Tempelvorhof und stieß die Tische der Geldwechsler um: „Macht das Haus meines Vaters nicht zur Markthalle." (Joh 2,16)

Gefragt, mit welchem Recht er das tue, sagte er: „Reißt den Tempel nieder, in drei Tagen werde ich ihn wieder aufrichten.“ Er meinte den Tempel seines Leibes. (Joh 2,14 ff)

Die christliche Religion ist Liebe zu Gott und Mensch. Sie bedarf aber der Bewusstwerdung dieser Beziehung. Im nächtlichen Gebet pflegte Jesus den lebendigen Austausch mit seinem himmlischen Vater. Darin schöpfte er die Kraft für seinen Weg.

Der Seher Johannes schaute auf der Insel Patmos in einer grandiosen Vision die Vollendung des Heils: eine Welt ohne Tränen, Trauer, Klage, Mühsal und Tod. Das mag vielen als bloßer Traum erscheinen. Für ein bloßes Traumbild aber wagt man nicht das Martyrium, das den Zeitgenossen des Sehers oft zugemutet wurde. Seine Botschaft an die bedrängten Gemeinden enthielt keine Vertröstung auf ein besseres Jenseits, sondern Trost im Diesseits, nicht nur für die bedrängten Christen im Römerreich, sondern auch für die sturmumtobte Kirche unserer Tage.

Johannes verkündet eine kühne Hoffnung auf einen neuen Himmel und eine neue Erde. Wenn dann Gott endzeitlich sein Zelt aufschlägt und Wohnung nimmt unter den Menschen, dann kommt er ihnen erlebbar nahe, wie dies schon bei den Frühchristen der Fall war. Gefragt, was sie tun würden, um einen Heiden zum Glauben und zur Taufe zu bewegen, antworteten sie: „Wir lassen ihn drei Jahre bei uns wohnen.“

Keine sonntägliche Verkündigung kann dies „leisten". Wer sich wirklich dauerhaft einwurzelt in dieser neuen Wirklichkeit, der erlebt sie auch anders, für den ist der Tod nicht das Ende, sondern Neuanfang, Neugeburt eines größeren Lebens. Dort, wo das neue Sein schon hier beginnt, wird etwas erfahrbar von der Leichtigkeit des Seins. „Meine Last ist süß und mein Joch ist leicht", hat er verheißen.

Immer deutlicher wird das Leben zum Fest. Die Feier der Eucharistie ist dann keine Pflicht, sondern Selbstenteignung an den Grenzenlosen und Selbstgewinn. Der alte Sisyphos hat ausgedient. Denn alles, was vergeblich scheint und aussichtslos, hat eine Innenseite: Sinn im Unsinn. Lebensöde und Langeweile wird zur „langen Weile"- man vergisst sogar auf die Uhr zu schauen, kennt keine Eile mehr. Denn alles Verlierbare und Ängstigende ist Geschichte. Gelassenheit lässt sich nicht mehr verrückt machen von früheren Aufgeregtheiten. Wer diese „lassen" kann, verkostet angstfrei das „Hier und Jetzt".

Der Mensch - elendig und groß

Bei einer Tagung sagte ein Bundeswehr-Offizier: „Wissen Sie, ich bin zwar Christ, aber was ich in Wirklichkeit bin, weiß ich nicht." Im Gespräch kamen wir darin überein: Wir alle sind Suchende und kennen uns zu wenig. Heißt es doch im Prolog von Goethes Faust: „Habe nun, ach! Philosophie, / Juristerei und Medizin, / Und leider auch Theologie / Durchaus studiert, mit heißem Bemühn. / Da steh' ich nun, ich armer Tor, / Und bin so klug als wie zuvor!"

Ein Rätsel sind wir uns allemal, und alles Suchen führt uns an eine Grenze: Wir sind ein Spiegelbild des Grenzenlosen. Es ist die Diskrepanz zwischen Wissen und Unwissen, zwischen Wollen und Vollbringen, zwischen Erfolg und Misserfolg. Alles muss immer schneller gehen, und so gleichen wir einer Rennmaus, die nie ans Ziel kommt. Man könnte in dieser Pseudo-Unendlichkeit des Rennens etwas vom Menschen erkennen als Natur gewordene Tendenz zum Göttlichen, die nie ans Ziel kommt. Dieses ruhelose Verhalten spiegelt unsere große Sehnsucht, von der Augustinus sagt: „Unruhig ist unser Herz, bis es ruht in dir, o Herr."
Lebenslang laufen und rennen wir gegen die Vergeblichkeit, schwanken zwischen hohen Zielen und fallen doch immer wieder in den selbst produzierten Frust eines Toren zurück.

Lieben und Geliebtwerden gehört zu den Grundbedürfnissen unserer Existenz – und doch fragte die berühmte Psychiaterin Kübler-Ross in einem Vortrag: Wer weiß, was Liebe ist? Kübler-Ross hätte als aufgeklärte Skeptikerin ebenso sagen können: Wer weiß, wer oder was Gott ist?
Weil im Menschen dieser Antrieb wirksam ist, überfordern sich Liebende so leicht, projizieren in das geliebte Du jemand hinein, der man gar nicht ist. Jeder ist mehr als er meist selber weiß: Platzhalter eines anderen, er vertritt den Himmel, ohne selber himmlisch zu sein.

Elendig und groß zeigt sich der Mensch gegenüber der säkularen Dreieinigkeit von Freiheit, Wissenschaft und Fortschritt. Die Heilerfolge der Medizin, die Erforschung der menschlichen Zelle, die Gen-Technik stellen immer neue Herausforderungen. Auch Misserfolge erweisen seinen nie an ein Ende kommenden Drang, die Natur in den Griff zu bekommen und sie zu heilen – aber auch die Gefährdung: man denke nur an die Möglichkeit, Menschen zu züchten, als willfähriges Kanonenfutter zu klonen.
Neben der technischen Revolution zeigt auch die gesellschaftliche, das Recht auf Glück und Selbstverwirklichung, ein doppeltes Gesicht, weshalb Kübler-Ross' Frage - „Wer weiß, was Liebe ist?" - eine offene Frage bleibt. Nicht die Gretchenfrage nach der Religion, sondern nach der Liebe und damit auch nach der Fähigkeit zum Glück erweist den Menschen als ein nicht festgelegtes Wesen, im Gegensatz zum Tier.

Desgleichen ambivalent ist das Streben nach Erfolg in der Wirtschaft und verführt leicht zum „Turbokapitalismus", einer Profitgier, welche das ganze Finanzsystem ins Wanken bringen kann. Das Streben nach Sicherheit führt leicht zum Hochfahren der Rüstung, zur Entwicklung von überlegenen Waffen, deren Industrie leicht zum Impulsgeber von Kriegen wird, wie etwa im Irakkrieg, zumal Öl oder andere Ressourcen locken.

In allem zeigt sich, wie elendig groß menschliche Größe wird, wenn sie sich verabsolutiert. Wo alles zentriert ist um den Besitz von materiellen Gütern, um Macht in der Politik, um Reichtum in der Wirtschaft und um Mehrung der Finanzen, werden elementare Triebe freigesetzt, wie Besitzgier, Neid, Betrug und Gewalt, die oft nur schwer zu bändigen sind durch Ordnung und Gesetz.
Selbst die Religion kann verfälscht werden vom Geist des Habens. Originalton Meister Eckhart: „Viele sagen: ‚Ich habe zehn Malter Korn und ebenso viel Wein in diesem Jahre; ich vertraue auf Gott.' - Ganz recht, sage ich, du hast volles Vertrauen zu dem Korn und dem Wein." (Quint S. 380. 30)
Religion - wie leicht wurde sie verfälscht von einem Haben - und wenn es auch die reine Wahrheit war.

Jesus kümmert sich nicht um seine Habe. Er hat nichts, wohin er sein Haupt legen könnte. Das Lebensnotwendige an Nahrung etc. erhielten er und seine Jünger von Spenden frommer Frauen. Warum macht er sich den Bettlern gleich? Die leeren Hände und das Leben als Habenichts stellen genau dar, was der Mensch vor Gott ist: ein Nichts, das sich in jedem Augenblick aus Gottes Fülle empfängt.

Deshalb weist das Armutsideal des Poverello St. Franziskus diesen als einen der genialsten Schüler des Jesus von Nazareth aus. Hätte sich die Kirche von Franziskus inspirieren lassen, Luthers Thesenanschlag wäre nur Anlass zu einem Professorenstreit an der Universität geworden. Der Reichtum der Kirche führte zur Kirchenspaltung.

Deus est diffusivum sibi sui / Gott ist ein unendliches Sein, das seine Lebensfülle an die Schöpfung gibt und doch nichts von seinem innergöttlichen Reichtum verliert. Diesem göttlichen Sein entspricht die menschliche Liebe, die im Austeilen nicht weniger wird.

Das Kreuz und das leichte Joch Christi

„Wer sein Kreuz nicht auf sich nimmt, kann mein Jünger nicht sein."
Mit Christus gekreuzigt, sind wir nach Johannes auch schon auferstanden. Denn Tod und Auferstehung sind nach ihm *ein* Ereignis.
Am Sarge C. G. Jungs sagte bei dessen Beerdigung Pfarrer Meyer: „Die christliche Kultur hat sich in erschreckendem Maße als hohl erwiesen. Sie ist äußere Politur; der innere Mensch aber ist davon unberührt geblieben. In seiner Seele hat der Christ mit der äußeren Entwicklung nicht Schritt gehalten; viele, wenn nicht die meisten, sind im Heidentum stecken geblieben. Christus ist ihnen nur von außen begegnet, aber nie aus der eigenen Seele entgegengetreten."
Dazu kommt ein jahrhundertealter Dualismus: Gott wohlgefällig ist etwas nur, wenn es schwerfällt und weh tut, wenn es niederdrückt und lähmt. Zu oft wurde so die christliche Freiheit der Ordnung geopfert, Kreativität und Spontaneität in Gesetze und Normen gepresst (Eugen Biser). Vergessen oder verdrängt scheint oft Jesu Verheißung: „Mein Joch drückt nicht und meine Last ist leicht." (Mt 11,30)

Jesus Christus ist für uns deshalb „der Christus", weil Er das Antlitz des „Ich bin der ‚Ich-bin-da'" auf eine Weise zur Geltung bringt, die ihresgleichen sucht. Diese Zusage „Ich bin der ‚Ich-bin-da'" geht so weit, dass Gott ein Leidender unter Leidenden, ein Kranker unter Kranken, ein Verängstigter unter Verängstigten, ein zum Tod Verurteilter unter zum Tod Verurteilten, ein Ermordeter unter Ermordeten, ein von Gott Verlassener unter Gottverlassenen wird.

Manchmal ist es nicht nur die Kompassion, manchmal bricht es durch, dass wir mit Ihm bereits nachösterlich existieren, wenn wir, die von Haus aus gar nicht friedlich, den Frieden lernen, so dass unsere Hausgenossen nicht unsere Feinde sind. Luther sagte zwar, wir haben den alten Adam in der Taufe ersäuft, aber er kann schwimmen, er bleibt sündig und verderbt. Doch die Geschichte scheint diesen Pessimismus zu falsifizieren. Die Versuchung Alteuropas, sich weiter zu bekriegen und jahrhundertealte Feindschaften fortzusetzen, scheint nun tatsächlich aus dem Weg geräumt. Aus Hitler, der letzten Enthemmung der Moderne, scheinen die Völker gelernt zu haben. Seitdem ahnen wir, was der Tod Gottes für unsere Kultur bedeutet und welchen Preis wir für ein enthemmtes Neuheidentum zahlen müssten.

Deutschland und Frankreich zum Beispiel bekriegen sich nicht mehr. In friedlichem Wettstreit konkurrieren die Europäer um Ministerposten in Brüssel. Aber ihre Soldaten würden sich weigern, aufeinander zu schießen. In diesem Punkte wenigstens scheint C. G. Jungs Pessimismus widerlegt, Europa sei heidnisch geblieben - das Kriegsbeil begraben und sich versöhnen scheint ein urchristlicher Reflex zu sein. Im Streitfall schießen nicht mehr die Kanonen, sondern die Paragraphen des Straßburger Gerichtshofes. Und ist Toleranz nicht ein Kriterium des Christlichen?

„Du senkst voll Liebe / deinen Blick in meinen / und neigst dein Ohr / zu meinen leisen Worten / und füllst mit Frieden tief mein Herz. / Doch deine Liebe / in der kein Genügen / in diesem Austausch / der noch Trennung lässt / Dein Herz verlangt nach mehr. / Dein Leib durchdringt geheimnisvoll den meinen / und deine Seele eint sich / Mit der meinen: Ich bin nicht mehr, / was einst ich war. Du kommst und gehst, / doch bleibt zurück die Saat / die du gesät / zu künftiger Herrlichkeit / verborgen in dem Leib von Staub." (Herbstrith W.: Edith Stein: Gedichte und Gebete aus dem Nachlass; Edith Stein: Kreuzeswissenschaft, Studien über Johannes a cruce)

„Er war gottgleich, hielt aber nicht daran fest wie Gott zu sein, sondern er entäußerte sich und wurde wie ein Sklave und den Menschen gleich." (Philipper 2,6 f)

Von der lähmenden Leidensfixiertheit zur erfahrbar froh machenden Botschaft. Erfreulich, dass unser Papst seinen Namen nahm vom Bruder „Immerfroh" St. Franziskus. Zu erinnern ist daran: Es gibt eine Pflicht, von der Karfreitagsfixiertheit zur Freiheit, nachösterlich zu leben. Dies heißt, in allen Verrücktheiten der Zeit ein Stück Frohsinn sich zu bewahren; sich an einfachen Dingen des Lebens erfreuen, an einer Blume, am Wandern und Singen: Jesus nachzufolgen, der sagt, mein Joch ist süß und meine Bürde ist leicht. Wenn ich an Freunde denke, die das ausstrahlten: sie waren daran zu erkennen, dass ihnen jede Gier und das Habenwollen um jeden Preis fehlte. Sie leben und lebten

aus einer stillen Erwartung und Freude an den kleinsten Dingen. Ohne viel von Liebe zu reden, sie leben und lebten sie. Sie kann geben, ohne weniger zu werden.
Die Erfahrung lehrt, es gibt keinen besseren Weg, Erlöstheit und die Tendenz zum Guten im Menschen zu wecken, als Menschen so zu behandeln, als wären sie schon gut.

Als Jesus voraussagt, man werde ihn töten, aber am dritten Tag werde er auferstehen: „Das soll Gott verhüten, Herr!" Überraschend scharf der Tadel Jesu: „Weg mit dir, Satan, du hast nicht im Sinn, was Gott will. Wer mein Jünger sein will, der nehme sein Kreuz auf sich und folge mir nach. Wer sein Leben retten will, wird es verlieren, wer es um meinetwillen verliert, wird es finden."

Nietzsche nennt es den Geist der Schwere, das Fixiertsein des Christentums auf den Karfreitag. Die Freiheit des Christenmenschen wurde der Ordnung geopfert, die Kreativität dem Gesetz unterworfen und die spontane Eingebung in vorgegebene Normen gepresst. Als fromm und gottgefällig galt nur, was dem Menschen schwerfällt und weh tut. D.h. die Botschaft vom Kreuz beherrschte alles, eine Manifestation des Dämons, der alles niederdrückt und lähmt, der die Spontaneität der Glaubensfreude zum Verschwinden brachte. Tatsache ist, ob es uns schmeckt oder nicht, am Kreuz kommt keiner vorbei. Nur im Annehmen unseres zu lebenden Lebens haben wir die Chance zu echter Selbstverwirklichung. Entscheidend bleibt aber die Frage, ob es uns gelingt, das Kreuz im Horizont der Auferstehung zu tragen, so dass jede pessimistische Leidenssucht ferngehalten werden kann.

Verdrängt und vergessen wurde, was Jesus angekündigt hatte: Mein Joch ist süß und meine Bürde ist leicht - leicht, wenn man das Kreuz als Durchgang zur Auferstehung ernst nimmt.

Nach der christlichen Tradition forderte Jahwe sogar den Opfertod seines eigenen Sohnes am Kreuz. Ist er Herr der Geschichte, den wir Gott nennen, ein Sadist? Ein Gott zum Fürchten? Hat Gott Spaß am Leid der Menschen? Rudolf Otto nennt die eine Seite Gottes das „Tremendum" - der Anfang aller Religion ist die Furcht des Herrn, das Erschauern vor dem Mysterium des Heiligen.

Die biblische Tradition kennt aber auch einen Gott als das „Faszinosum", der die Menschen liebt, so sehr in sie vernarrt ist, dass er seinen Sohn für diese Menschen am Kreuz verbluten lässt, der immer bei uns ist, sich so sehr nach uns sehnt, dass er in unüberbietbarer Weise sich mit uns eint, in seinem Sohn Jesus Christus uns zum Lebenselixier, zur Nahrung wird.
Wenn Gottes Wille sich im zu lebenden Leben ausspricht, dann merken wir früher oder später: bedingungsloser Glaube wie von Abraham ist auch von uns gefordert. Wo Opfer nur äußerlich, nur halb gebracht werden, werden sie uns zum Gericht.
Äußerlich führen wir vielleicht ein Opferleben für andere, für die Familie, die Kirche, aber in uns bohren unsere Freudlosigkeit, unser Ressentiment, die Nietzsche an den Christen geißelt.
„Was war ich blöd! Dass ich diesen Weg gegangen bin im

Leben für den Partner, die Kirche, den Betrieb." - Im Ja steckt ein Nein freudlosen Sichbedauerns und bewirkt die Produktion von Sündenböcken, die daran schuld sind, dass es uns so schlecht geht.
So machen Psychotherapeuten ihr großes Geschäft mit ekklesiogenen Neurosen, und Ärzte ihr großes Geschäft mit denen, die gar nicht merken, dass ihr fortwährendes Kränkeln mit latenter Depression zu tun hat: der verdrängten Wut über nur halb gebrachte Opfer.
„Wieder ein katholischer Depressiver!" - eine der häufigsten ekklesiogenen Neurosen. Anderen zeigen wir vielleicht ein selbstlos scheinendes Sonntagsgesicht - aber wo wir die Maske nicht brauchen, verrät unsere schlechte Laune den unerlösten, ewig unzufriedenen, ständig sich Überfordernden. „Wieder ein katholischer Depressiver", sagte jemand zu mir, dem damals noch reichlich verkrampften Pfarrer Schumann, der beim sog. „Papst der Bindegewebsmassage" Hilfe suchte.
Christen bringen oft viele Opfer, aber mit knirschenden Zähnen, überfordern sich an Leib und Seele, was sich in Verspannung und Krampf und den Folgekrankheiten in Darm und Muskeln verleiblicht. Ein Opferleben nur im „Jein" macht leicht andere zu Opfern und Bösewichten, die angeblich an allem schuld sind. Unsere Freudlosigkeit lässt einen Nietzsche spotten: „Erlöster müssten mir die Erlösten aussehen, wenn ich an ihren Erlöser glauben soll!"

In der Familie ist die totale Hingabe und Weggabe oft des Liebsten früher oder später gefordert. Fehlt die Haltung des opferbereiten Hergebens, hält man Kinder fest wie einen

Besitz, so dass sie nie erwachsen werden und - innerlich verheiratet mit einem Elternteil - keinen Blick haben für die andere Hälfte der Menschheit. Eltern bringen heute viele, große Opfer - aber sie sorgen auch dafür, dass wir heute ein sterbendes Volk sind, dem der Nachwuchs ausgeht.
Selbst der „Spiegel", der einst kirchliche Positionen frenetisch angegriffen hat, schreibt heute: Irgendwann haben wir uns in den sechziger Jahren entschlossen, unseren Nachwuchs zu drosseln - ein Kind und nicht mehr. Natürlich ist so eine Aussage auch sehr pauschalierend. Ich weiß, meine Schwester hätte gern mehrere Kinder gehabt, aber eine Operation machte weiteren Kinderwunsch zunichte. Dennoch hat der Autor im „Spiegel" wohl recht, wenn er sagt: Einzelkinder, wenn sie nicht mit anderen, sondern vor allem zu Hause allein aufwachsen, lernen nicht auf andere Rücksicht zu nehmen, werden die geborenen Egoisten, sie werden unfähig zur Liebe und Fürsorge für eigene Kinder.
Ich habe mich immer wieder gefragt, wieso mancher an sich hübsche oder erfolgreiche junge Mensch nicht auf die Idee kommt zu heiraten. In meinem Bekanntenkreis musste ich lernen, es hat nichts mit bösem Willen zu tun, wenn eine Mutter bei der Trauung ihrer Tochter mit Abwesenheit glänzte: Sie konnte innerlich ihr Einzelkind nicht hergeben. Erst nach einem Jahr gestand sie am Telefon: Ich war halt ein Einzelkind und hatte keine Geschwister. Da klammert man sich egoistisch an das eine Kind.
Heute gründen in Deutschland mehr Männer mit Migrationshintergrund Familien als deutsche Männer. Scheidungskinder machen häufig mehr Probleme in Schule und Leben, erweisen sich laut Statistik öfter als lernschwach

und kontaktarm, sind mehr drogen- und kriminalitätsgefährdet. Deshalb das oft so brutal verrohte Aufeinander-Dreinschlagen von Schulkindern. Kein Wunder, dass moslemische Prediger verächtlich auf die sog. westliche Kultur herabschauen.
Die USA haben viel weniger finanzielle Unterstützung für Familien seitens des Staates, aber ihre Nachwuchsquote ist erheblich höher. Selbst der sonst so kirchenkritische „Spiegel“ stellt fest: Gottvertrauen ist sichtlich eine stärkere Stimulanz zum Kinderkriegen als hundert Euro im Monat.

Zurück zum Ausgangspunkt: Fehlt die Bereitschaft, bewusst „der Dumme“ zu sein, dann bedauern wir uns, dann werden die Opfer, die wir bringen, unglaubwürdig, und wir sagen vielleicht: Was war ich blöd, dass ich geheiratet habe. Die Freude, die Kinder einem machen, wird total aufgefressen von den Sorgen und Problemen.
Fehlt die Bereitschaft zur Einschränkung, was schon Ludwig Erhard als seine große Sorge am Beginn des Wirtschaftswunders ausgesprochen hat, werden am Ende Firmen wie AEG und andere ins Ausland verlegt, und heuchlerisch erklären Unternehmer und Arbeitgeber, sie trügen keine Schuld an der hohen Zahl der Arbeitslosen.
Die Geschichte vom Opfer Abrahams ist heute also von höchster Aktualität: Eine pure Spaßgesellschaft befindet sich auf dem Selbstmordtrip, wenn in ihr nicht gelernt wird, den Nächsten so wichtig zu nehmen wie sich selbst, Haltungen der Solidarität, des Teilens und der Opferbereitschaft einzuüben.

In jedem Messopfer am Sonntag beten wir nach der Wandlung: Deinen Tod, o Herr, verkünden wir und deine Auferstehung preisen wir, bis du kommst in Herrlichkeit.
Wird dies nicht mit einer Spiritualität ehrlichen sich Opferns füreinander gelebt, wird es zum leeren Ritual, wenn unser Alltag von Enttäuschung, Ressentiment, Sündenbockdenken und psychosomatischer Erkrankung nur so strotzt. Denn die Übergänge von Liebe und Hass sind fließend, sagte mir mal eine bekannte Eheberaterin. Entweder wir lieben uns oder wir bringen unsere Liebe um!

Beten wir um die Gnade, wirklich enttäuschungfrei leben und lieben zu können. Amen.

Lebensfreundliche Gesellschaft

„Wenn die Sünde an Christus rührt, ist sie verschlungen, wie ein Funke an einem Strohhalm, sobald er ins Meer fällt - dann nämlich, wenn einer durch den Glauben diesen Schatz annimmt und an den Sohn glaubt.“ (Luther)

Was ist also die Grundbotschaft Jesu? Was das tiefste Bedürfnis in dir ist: Lieben und Geliebtwerden.
Wenn du das willst, musst du dich verschwenden! An sich gar nicht so einfach, wenn man weiß, wie Menschen sind: Wie kann man einen Egoisten lieben, der auf jedes gute Wort nur mit verletzender Verachtung und Schelte, mit Beleidigung reagiert? So hieß es in einem viel gelesenen Magazin: Abnehmende Geburtenraten führen zur Vereinzelung der Kinder in unserer Gesellschaft. Nicht nur die finanzielle Zukunftssicherung ist davon betroffen - ohne Familie verlernt die Gesellschaft schlichtweg die Liebe.
Überall gibt es sie: gute Mütter, ängstliche Mütter, überbesorgte Mütter, die den Terminkalender der Kleinen organisieren, sie zu einem zusätzlichen Kurs in Musik etc. fahren, wie die Chefsekretärin eines Firmenvorstandes, die voraussichtlich in Zukunft händeringend gesucht wird. Millionen von ihnen werden auf lange Sicht fehlen, wenn eine ganze Generation in Rente geht und die Position räumt.

Die Kinder „müssen es bringen", um jeden Preis. Sie werden mit privaten Englischlehrern und Hockey-Coaches auf einen Lebensmarathon vorbereitet, den überhaupt nur die Fittesten durchstehen.
In Wahrheit, heißt es dort im Magazin, verkörpern sie die letzte Hoffnung einer innerlich kaputten Gesellschaft, die sich irgendwann, Ende der sechziger Jahre entschlossen hat, den Nachwuchs auf ein Minimum zu drosseln.
Aber: „Eine Gesellschaft braucht auch ein Minimum an wachsenden Familien, damit die Selbstlosigkeit, die in Familien produziert wird, in der Gesellschaft spürbar wird."
Vielleicht sind wir im Begriff, eine Gesellschaft zu schaffen, in der immer mehr Menschen unfähig sind, Liebe und Fürsorge für Kinder und Verwandte aufzubringen.
Dabei handelt es sich um eine Schöpfungsnotwendigkeit, an der wir herumgefummelt haben - bei Strafe unseres Untergangs. Für die Altersgruppe zwischen 20 und 45 war Kinderlosigkeit „in", Ehe sowieso „out". Es braucht aber Kinder, um zum Kinderkriegen zu ermutigen. Heute sind es mehr Männer mit Migrationshintergrund als Deutsche, die Familien gründen.
Freiheit, Gleichheit Brüderlichkeit war der Slogan der 68er - aber wie lebt man Brüderlichkeit ohne Brüder? Die Kommunarden haben sich totgesiegt... in Milieus, in denen nur noch Neigungen zählen, sind langfristige Bindungen kaum noch möglich.
Die Gesellschaft atomisiert sich. Nur noch jede zweite Großstadtehe schafft es zusammenzubleiben, womit eine große Zahl Scheidungskinder in die Welt kommen, die zunehmend Sozialämter und Schulen beschäftigen.

In der heutigen Scheidungsgesellschaft kommt das Kind weithin nur als Unterhaltsrisiko vor oder als Wirtschaftsgeißel. Scheidungskinder sind laut Statistik lernschwächer, kontaktärmer, neigen öfter zu Drogenkonsum und kriminellen Delikten. Und da die meisten ohne ihren Vater aufwachsen, suchen sie ihre Rolle auf der Straße oftmals in sozialer Verrohung. Lange verkündeten Emanzipierte: Kinder ohne Väter werden selbstständig, selbstbewusst und lebenstüchtig, sofern sie in einem liebevollen Umfeld und mit einer liebenden Mutter aufwachsen, die ihre Situation als positive Herausforderung betrachtet.
Das war, als würde man in der ADAC-Motorwelt lesen: Braucht man für ein Auto die linken und die rechten Reifen? Wir meinen: nein. Hauptsache, dass die Situation als positive Herausforderung empfunden wird...
Noch immer hält unsere Gesellschaft reichlich „Narkose-Angebote" bereit: Wir haben Geschwister, Eltern, wenn auch nur virtuelle. Madonna, die Ikone der modernen Frau, turnte vor, dass Väter zur Aufzucht von Kindern zunächst einmal nicht erforderlich sind. Sie ließ sich ihr erstes Kind von einem Fitness-Coach zeugen, der mit einem siebenstelligen Betrag abgefunden wurde. - So schafft man Stoff für die Hasspredigten der Imame, die uns in dieser Hinsicht wohl zum Teil mit Recht verachten.

Es macht Hoffnung, dass wir eine Familienministerin mit sieben Kindern haben, die trotzdem Beifall von all diesen kinderlosen 35-jährigen Medientanten und Medienonkels bekommt, die bislang das Hohelied auf die grenzenlose Entfaltung der Persönlichkeit gesungen haben.

In den USA gibt es kaum finanzielle Förderung von Familien. Trotzdem ist die Nachwuchsquote eine der höchsten der Industrienationen. Besonders geburtenstark ist der mittlere Westen. Offenbar ist das Gottvertrauen eine wirkungsvollere Stimulanz als hundert Euro mehr im Monat. Kindertagesstätten und Ganztagsschulen, das zeigt Frankreich, sind da wichtiger.

Frauen werden gebraucht als das widerstandsfähigere Geschlecht. Sie organisieren das Überleben - weil sie die Gabe der Selbstlosigkeit und Aufopferungsfähigkeit besaßen und besitzen. Sie sind es wahrscheinlich auch, die unseren Kindern Mut machen, selbst wieder Kinder in die Welt zu setzen...
In Katastrophen waren es nicht die Einzelnen, die flexibel und adäquat reagieren konnten. Familien erweisen sich als „Überlebensfabriken“. Sie produzieren Altruismus. Sie opfern sich auf, sie entwickeln eine Ökonomie des Teilens, materieller wie immaterieller Art, um die Fähigkeiten des Kindes aufs Beste zu fördern.

Nikolaus von Kues: „docta ignorantia"

Unser Wissen vom Schöpfer des Universums ist begrenzt. Selbst die Bibel lehrt, Gott, den kein Mensch gesehen hat, noch je zu sehen vermag, wohnt im unzugänglichen Lichte. (1 Tim 6,16)
Nikolaus, 1448 im moselfränkischen Städtchen Kues geboren, Kardinal der Römischen Kirche, sieht, wie gefährlich es ist, die Wahrheit zu besitzen: das Konzil von Basel (1431-1449) verbrennt Jan Hus als Ketzer. Es drohen Religionskriege.

Der größte Theologe seiner Zeit, Nikolaus von Kues, auch Nikolaus Cusanus genannt, der mit Albertus Magnus verglichen wird, hält seiner Epoche den Spiegel vors Gesicht mit seiner Lehre von der „docta ignorantia", dem gelehrten „Nichtwissen". Wer weiß, dass wir Gott gegenüber Ignoranten sind, der wird tolerant gegenüber Andersdenkenden. In seiner Schrift „Vom Glauben" lässt er die Vertreter aller Nationen und Religionsgemeinschaften in einer Konferenz vor Christus erscheinen, in der die Verschiedenheiten und Gemeinsamkeiten der Religionen erörtert werden.

Während die Politik den Religionskrieg vorbereitete, suchte Cusanus nach Möglichkeiten des Ausgleichs und der Verständigung zwischen den Religionen. Als Legat des Papstes verhandelt er in Konstantinopel mit Vertretern der Ostkirche, um eine Aussöhnung zu erreichen. Er führt Prozesse mit seinen Gegnern, die ihn ob seiner Lehre von der „docta ignorantia“ der Häresie verdächtigen.

In späteren Jahren denkt Nikolaus Cusanus weniger radikal. Wir sind zwar Gott gegenüber Ignoranten, wir erreichen ihn nicht mit Begriffen des Verstandes, wohl aber mit der Kraft der „Intuition“. Gott selbst ist für Nikolaus die „coincidentia oppositorum“, der „In-Eins-Fall“ aller Gegensätze.
Nebenbei bemerkt: Schon die endliche Welt trägt die Spuren solcher Gegensätze: Wenn man einen Kreis ins Unendliche weitet, bleibt der Kreis ein Kreis, ist aber zugleich eine Gerade. Das heißt, was für unseren menschlichen Verstand unvereinbar ist, ist in Gott alles eins: Er ist unendlich und zugleich (im Mensch gewordenen Christus) auch endlich. Er ist anwesend und abwesend, Gerechtigkeit und erbarmende Liebe zugleich. Seine Gerechtigkeit respektiert auch das endgültige Nein des Verdammten.

Trotzdem ist einer der klügsten Theologen unserer Epoche, Hans Urs von Balthasar, davon überzeugt: In der Hölle ist niemand. Ist dann die Lehre von der Hölle nur eine himmlische „Platzpatrone“, die Übeltäter „vergeblich das Fürchten lehrt“?
Nehmen wir ad hoc Nikolaus‘ Lehre von der „docta ignorantia“ ernst: Wir wissen es nicht. Im Credo bekennen wir, Christus ist „abgestiegen zur Hölle“, d.h. in die äußerste Gottesfinsternis, um alle Höllenanwärter heimzuholen.

Und Höllen gibt es genug auf Erden. Was musste jene Krebspatientin an Höllen ausstehen, die nach der Krebsbestrahlung im „Bunker" der Klinik am ganzen Leib zitterte, so dass ich sie in die Arme nahm, um ihre Panik etwas aufzufangen.
In der Hölle ist niemand, aber es gibt deren genug auf Erden. Gott ist die „coincidentia oppositorum", durch und durch Geheimnis, und wir erlangen im besten Fall eine „docta ignorantia", ein wissendes Nichtwissen, was uns zu bescheidenen toleranten Gottsuchern macht, nicht zu Relativisten, wohl aber dialogfähig, sogar mit den Atheisten.

„Du riechst nach Gott“

Als junger Mann kämpfte er gegen seine eigene Natur. Später wurde er zum weltanschaulichen Skeptiker. Doch eines Nachts im Traum warf ihn seine Natur zu Boden. Er roch die Gräser und Blumen. Die Natur fragte ihn: „Wie war's?“ Er darauf: „Nichts Besonderes.“ Dann warf ihn die Natur wieder zu Boden, drückte sein Gesicht fest in den Humus, so dass ihm die Sinne schwanden. Als er endlich wieder zu sich kam, schwieg er lange vor sich hin, dann sagte der Skeptiker zur Natur: „Ich fürchte, du riechst nach Gott.“

Viele Zeitgenossen haben ihren bewusst religiösen Stallgeruch verloren, aber paradoxerweise „ticken“ manche irgendwie gläubig: Bloßes Nutzdenken ist ihnen fremd, ihre Herkunft wird auch spürbar an der Art ihres Suchens nach Selbst- und Sinnfindung, am Helfersyndrom und der Sehnsucht nach dem entschleunigt gelingenden Leben. Dies ist nicht leicht zu finden, da rundum andere Ideale gefragt sind: die Schnelligkeit, nicht nur bei der Ski-Abfahrt, nicht nur bei den Medien und bei den Rasern auf der Straße, der Leistungsdruck, der bewirkt, dass man am Abend meist zu müde ist, um ihn kreativ zu verbringen. Dazu werden die oft stressgeplagten Nerven beruhigt mit Tabletten oder Alkohol.

Nein, wir riechen nicht nach Gott. Bei vielen werden gottwidriger Hass und Wut spürbar, wenn sie in Massenansammlungen auf Plätzen aufeinander einprügeln; vordergründig sind es vielleicht die Salafisten, aber hintergründig ist es ein oft unheimlicher Fremdenhass. Spränge solcher Hass über auf andere Teile der Bevölkerung, dann hätte Europa ein Problem.
Kurz: Die oben im Gleichnis angedeutete Unterdrückung der Natur und Vernunft treibt seltsame Blüten. „Du riechst nach Gott", sagte der zu Boden gedrückte Skeptiker.

Wie aber, wenn Gott für viele keine Rolle mehr spielt in ihrem Leben? Wenn Er nicht mehr als oberste Instanz anerkannt wird, meinen dann nicht viele, einen Freibrief zu haben, und alles röche dann nach Eigeninteressen?
Trotzdem behauptet der Philosoph Ludwig Wittgenstein: In aller Gottesferne waltet auch das Mystische, d.h. bleibt auch im Primitivling die „Natur gewordene Tendenz" für Gott lebendig. Die Natur riecht nach Gott, deshalb küsste Johannes Paul II. den Boden, wenn er aus dem Flugzeug kam und ein Gastland betrat, dem Mose ähnlich, der am Sinai zu Boden fiel vor dem brennenden Dornbusch. Die Erde riecht nach Gott, wenngleich der Ungeist der Zeit Menschen zu fanatischem Hass verführt und Unheil anrichtet. Auch solche dienen dem Herrn der Geschichte; ähnlich wie Hitlers Hass und die Katastrophe, die er anrichtete: Die führenden Männer lernten daraus und gründeten das vereinte Europa, in der Hoffnung, die jahrhundertelange Selbstzerfleischung des Kontinents zu beenden.

Die Bundeswehr ist so konzipiert, dass sie keine Bedrohung für andere Länder in Europa werden kann. Ob wir der Vision eines Jesaia von einem Friedensreich wirklich näher kommen, da Schwerter zu Pflugscharen und Lanzen zu Sicheln umgeschmiedet werden?
Was in früheren Jahrhunderten, die sich als christlich geprägt verstanden, und was auch heute den christlich geprägten USA nicht gelingt, nämlich ohne Krieg auszukommen: sollte es dem mehr und mehr säkularisierten Europa gelingen - man könnte dann staunend von einem Wunder der Geschichte sprechen.

Talente und Charismen

„Weil ich Angst hatte, habe ich dein Geld, das Talent, in die Erde versteckt. Hier hast du es wieder." (Mt 25,25) - „Du schlechter und fauler Diener! Darum nehmt ihm das Talent weg und gebt es dem, der zehn Talente hat!" (Mt 25,28) Was hat er denn falsch gemacht? Er hat nichts veruntreut, Dienst nach Vorschrift, ein guter Bürokrat. Und trotzdem wird er am Ende vor die Tür gesetzt und hinausgeworfen in die Finsternis. Im Reich Gottes soll jeder seine Talente und Fähigkeiten entfalten. Nur: „Behinderte sind wir alle, weil wir zu wenig Liebe haben." (Carl Friedrich von Weizsäcker) Beeinträchtigungen können sich aber auch positiv auswirken. Man wird sensibler und spürt deutlicher, was das Gebot der Stunde ist.

Talente und Begabungen haben jedoch auch eine gewisse Ambivalenz. Die starke Förderung durch den Vater hat es Mozart ermöglicht, ein genialer Komponist zu werden. Doch trug der dominante Vater wohl auch dazu bei, dass dem großen Künstler eine gewisse Infantilität anhaftete; der Großverdiener hatte ständig Schulden und wurde im Armengrab in Wien beerdigt. Starke, erfolgreiche Väter, so meine Erfahrung in der Beratungsstelle „Münchner Insel", machen es den Söhnen oft ungewollt schwer, sich im Leben durchzusetzen.

Die Ambivalenz von Talenten zeigte sich auch bei Menschen, die mit großer Eloquenz gesegnet waren. Während der Konzilszeit pries mancher Vortragsredner im Monolog den Dialog und drängte die Zuhörer ungewollt in passives Schweigen. Doch es geht auch anders. Eine hochgebildete Mutter sah, wie sie nach der Geburt ihrer Kinder den Kontakt mit den Berufskollegen verlor. Sie entwickelte stattdessen zu Hause soziale Charismen, wurde zur Organisatorin in ihrer Gemeinde, fuhr ihre und die Nachbarskinder zur Schule, alte Leute zum Arzt, machte ihnen die Einkäufe und gründete Gesprächskreise. Das Ressentiment anderer Hausfrauen, sie könnten sich zu Hause nicht genug verwirklichen, war ihr fremd.
Auch anderen wurde der Verlust zum Gewinn: Ohne die Arbeitslosigkeit wären sie nicht auf die Idee gekommen, ein eigenes Unternehmen zu gründen. Auch nach dem Rückzug aus der Arbeitswelt entdecken manche schlummernde Talente. Am Anfang geht vielleicht alles schief. Aber wer aus Fehlern lernt, kann Niederlagen in spätere Erfolge verwandeln, zumindesten in Siege über sich selbst.

Auch das Leid kann zur Lebensschule werden, durchlässiger und empfänglicher machen für den Grenzenlosen. Man bestürmt ihn vielleicht in der Stunde der Not: Jetzt bist du dran! Not hilft oft, das vernachlässigte Beten wiederzuentdecken, eigene Probleme und Überforderungen in Gottes Hand zu legen. Hammerschläge des Schicksals treffen dann nicht nur den Leidtragenden, sondern auch den, der einen trägt. Heißt es doch: In ihm leben wir, bewegen wir uns und sind wir. Hat man diesen Gott als den Ermöglicher des

Unmöglichen verinnerlicht, wird das Überspringen von Mauern möglich, wie es im Psalm heißt. (Ps 18,30)
Denken wir nur an die Ur-Mauer, den „Urknall“, welchen man für der Beginn der Schöpfung hält. Wie kann ein „Nichts“ knallen und das Universum erschaffen? Wie kann unser Nichts, das in den Tod versinkt, ins ewige „Jetzt“ hineinsterben? Der Weg dorthin ist mit Leiden und Krisen gepflastert. Doch kann alles zur Lebensschule werden und helfen, ein eigenes Charisma zu entwickeln. Dass wir stärker wurden, das haben wir nicht nur frohen Stunden zu verdanken, sondern auch den schweren dunklen Tagen. Paradoxerweise haben wir dadurch gelernt, durch Erlittenes heiterer zu werden.
Im Alter kriecht die Einsamkeit an uns herauf. Jetzt kann ich unter Umständen den anderen nicht mehr an die Leine nehmen wie ein Hunderl. Vielleicht träumt man Helmut Zöpfls Wunschtraum: „Geh weiter, Zeit, bleib steh, tua ma den Gfalln, tua net vergeh, wart bloss a bisserl - s´war grad so schee!“
Im ewigen „Jetzt“, so hoffen wir, wird es ganz anders - mehr als nur „schee“.

„Papa, tu‘s nicht!“ - Macht eines kleinen Kindes...

Sein Vater war lange Zeit auf dem Bau im Ausland tätig, kam zu Weihnachten etwas früher nach Hause und fand seine Frau im Bett mit einem anderen Mann. Er zog die Pistole, wollte die beiden und hinterher sich selbst erschießen. Da sprang sein kleiner Sohn dazwischen und sagte: „Papa, tu´s nicht!“ Ihm zuliebe steckte er die Pistole wieder ein.
Vor Weihnachten erzählte er mir im Krankenhaus diese Geschichte und sagte: „Mein Kind hat uns vor einer Katastrophe gerettet.“
Macht eines kleinem Kindes, ein Gleichnis für Tieferes: Nach C. G. Jung verkörpert der Archetypus des Kindes das Verlassene und zugleich das göttlich Mächtige, es ist verwurzelt in der Transzendenz: Papa tu´s nicht! Sein Wort hatte den Tötungswillen des Vaters entwaffnet.

Der Allmächtige Gott wird in Bethlehem ein hilflos kleines Kind. - Schon der Prophet Jesaia erschaute in einer poetischen Vision eine Epoche messianischen Friedens, welche beginnt mit der Geburt eines Kindes. Der Löwe frisst Stroh neben dem Lamm, der Wolf wohnt friedlich beim Lamm und der Panther liegt neben dem Böcklein. Kalb und Löwe weiden zusammen, Kuh und Bärin freunden sich an. Der Säugling spielt vor dem Schlupfloch der Natter und streckt seine Hand in die Höhle der Schlange, ohne sich zu gefähr-

den. Keine Verbrechen geschehen auf Jahwes heiligem Berg. (Jes 11,6 ff)
Welchen Stellenwert haben solche Prophezeiungen? Jesaia (Jes 9,5) verkündet dazu: Ein Kind ist uns geboren; man nennt ihn wunderbarer Ratgeber, starker Gott, Vater der Ewigkeit, Fürst des Friedens. In Jesu Reich Gottes kommt nur hinein, wer es annimmt wie ein Kind. Er tritt nicht auf als mächtiger Herrscher, sondern geht den Weg als Freund der Schwachen und wird selber ausgegrenzt, stirbt in letzter Ohnmacht am Kreuz, um alle Gottesferne aufzufangen und in heilende Nähe zu verwandeln...

Das Christentum hat die wohl verrückteste Gottesvorstellung in die Welt gesetzt: „et incarnatus est“ - Gott hat menschliches Fleisch angenommen. Ein ins Fleisch heruntergekommener Gott, der nicht aufhört, als Herr des Universums grenzenlos zu sein. Der Allmächtige ist ohnmächtig, stirbt in seinem Sohn am Kreuz. Im Menschen, seinem Geschöpf, hat er die Natur gewordene Tendenz ins Grenzenlose losgetreten - weshalb dieser sich an der eigenen Endlichkeit und Gottes Abwesenheit fortwährend wundreibt wie an unsichtbaren Gefängnisstäben.
Vielen scheint jedoch die Gottesgewissheit abhanden gekommen zu sein. Vielen ist er nur noch als Frage präsent. Die alten Fragen und Zweifel, ob er denn mehr sei als reine Illusion, haben Konjunktur, ja, die uralte Frage nach Gott scheint im Nebel der Ungewissheit und Fraglosigkeit zu verschwinden. Und damit auch die alten Einwände, wie denn Gottes Güte und Gerechtigkeit und das unsägliche Leid mit einem Gott der Liebe zusammenpassen. Es ist, wie es ist,

sagt man schulterzuckend. - Doch in den letzten Jahren erheben sich immer mehr Stimmen namhafter Naturwissenschaftler, welche die Hypothese aufstellen, an Gottes Existenz könnte, sollte, ja müsste was dran sein.
Gott bleibt aber der Abgrund, unfassbar für die endliche Vernunft des Menschen. Im Drama von Goethes „Faust" erklärt Mephisto nicht ganz zu Unrecht: Er ist das menschliche Tier, der seinen Verstand missbraucht. Und sein Gott? Auch Theologen fragen, wie weit die Macht Gottes noch reiche. Ist Er tatsächlich aller Wirklichkeit mächtig?

Unser Zeitalter glaubt, alles habe mit einem Urknall begonnen. Was aber wird aus einer Kultur, der der Glaube an einen Schöpfer des Universums und einen Erlöser als gemeinsame Überzeugung wegbricht? Hat dann die Befürchtung des tollen Menschen bei Nietzsche recht, der meinte, die Menschheit taumele nach allen Richtungen ins Bodenlose: „Hand ans Steuer, wir fahren über die Moral!?" Zumal die Umweltkrise der taumelnden Menschheit die Hoffnung auf Zukunft zu nehmen scheint.
Wird trotzdem eine neue Epoche messianischen Friedens kommen? Europa genießt paradoxerweise ein kleines Wunder davon, schon viele Jahrzehnte kein Krieg. Hoffen, auch wider allen Augenschein, ist angesagt.

Wunderbarer Kreislauf:
Im Tod ist das Leben und umgekehrt

Eiszeiten, Warmzeiten, feuchte und trockene Perioden wechseln ab.
Alles ist ein Gleichnis für Tieferes. Ohne die Bakterien sowie die Schimmelpilze und andere niedere Pilzarten würde die Erde unter einem gewaltigen Mantel von niemals verrottendem pflanzlichem und tierischem Abfall ersticken. Außerdem gibt es mindestens fünfzig Bakterienarten, die sogar das Gestein der Berge zersetzen und deren Mineralien verfügbar machen. Sie sind besonders gut erforscht, weil sie auch alten historischen Gemäuern zusetzen. Die winzigen Bakterien ernähren sich von Steinen und geben dann die Mineralien an die Erde ab, von denen die Pflanzen, Tiere und wir Menschen leben. Ein wunderbarer Kreislauf - im Tod ist das Leben, so singen wir.

Auch die menschliche Geschichte kennt ähnliche Vorgänge. Wir sind hineingenommen in den wunderbaren Kreislauf von Tod und Leben. Gelassenheit ist angezeigt, statt im täglichen „Klein/Klein" auf- und unterzugehen.
Wenn ein System an den Rand eines Abgrunds gerät, braucht es nicht viel und es stürzt ab und zersetzt sich. Das gilt auch für die große und kleine Geschichte von uns Menschen auf diesem Planeten.

Zeiten der scheinbaren Stagnation folgen Zeiten der Revolution, Zeiten der Wirren, bis ein neues Gleichgewicht gefunden ist. Die verweltlichte katholische Kirche vor Martin Luther wäre an ihrem Reichtum quasi erstickt, sie befand sich in einer Art Moderzustand. Es genügte der Thesenanschlag eines Professors, um einen Brand auszulösen, der wie eine Fackel Streit und Revolutionskriege entfachte. Was wäre aus dem Katholizismus geworden ohne den Protestantismus, und was wäre aus dem Protestantismus geworden ohne die Fackel der Gegenreformation? Die jeweiligen Systeme wären an sich selbst erstickt ob ihrer geistigen Erstarrung.

Die Pflanzen brauchen die Nacht, um die tagsüber gesammelte Energie zu speichern. Auch alle Tiere brauchen die Nacht, um ihre Kräfte für den nächsten Tag zu regenerieren. Der Winter ist die notwendige Entsprechung des Sommers, Zeit der Ruhe und Sammlung nach Monaten fieberhafter Aktivität.
Trockene, feuchte, kalte und heiße Perioden sind notwendig für die großen Gezeiten der Natur. So sind wohl die Eiszeiten die langen Winter der Erde, wenn ihr der lange Schlaf gegönnt ist, den sie zur Erneuerung braucht. Doch mit oder ohne Eiszeiten: Die Jahrmillionen tragen die Mineralhaufen, die wir Gebirge nennen, langsam ab. Aber woher kommen neue Gebirge, neue Mineraldepots der Erde? Wenn alles Land in einigen Millionen Jahren ins Meer gespült ist, wie soll das System dann weiterfunktionieren? Und weshalb wird das Meer nicht mit der Zeit eine dicke Mineralsuppe wie das tote Meer, das nicht umsonst so heißt?

Die Lebewesen selbst sorgen dafür. Kleine Meeresorganismen binden die Mineralien der Meere und sinken, wenn sie absterben, zum Meeresboden. So entsteht dort auch das Material künftiger Kontinente und ihrer Gebirge.

Auch was wir säen, bedarf des mikrobiellen Bodenlebens, um wachsen und gedeihen zu können. Mikroben und Bakterien sind ein entscheidendes Glied in der Nahrungskette. Was sie erarbeiten, wird von den Pflanzen bestens verwertet und wir oder andere Tiere verzehren dann die Pflanzen oder auch Tiere, die sich von den Pflanzen ernährt haben.

Kurz, der Kreislauf von Tod und Leben ist universal (aus John Davidson: „Am Anfang ist der Geist / die Geburt von Materie und Leben aus dem schöpferischen Geist.“).

Vom Lob der Narrheit

John Fisher und Thomas Morus wurden in Rom heiliggesprochen. Beide hatten sich im 16. Jahrhundert mutig der Abspaltung der englischen Kirche von Rom widersetzt und waren von König Heinrich VIII. hingerichtet worden.
Erasmus von Rotterdam schrieb, gewiss mit einem Seitenblick auf den englischen König, „vom Lob der Narrheit". Es scheint, als wäre seinem Freund Thomas Morus schon sehr früh alles zum Lachen gewesen, so als wäre er zu Späßen geboren. So menschenfreundlich, „glücklichen Gemüts" sei Thomas Morus gewesen, dass er selbst schwere Beleidigungen ganz schlicht vergaß. In seinem Haus war der Maler Hans Holbein lange zu Gast, die besten Gelehrten und Künstler aus Flandern und aus den Städten am Rhein gingen dort ein und aus.
König Heinrich VIII. kerkerte Thomas Morus ein, so dass ihm ein langer, weißer Bart wuchs. Als der zum Tod Verurteilte vor dem Richtblock niederkniete, sah er nochmals zu seinem Henker empor und sagte: „Verschone meinen Bart, der hat schließlich keinen Hochverrat begangen." - Humor selbst angesichts des Todes.

Ein ähnlicher Spezialist für die Narrheiten der Zeit war Philipp Neri. Der von den Römern „il Santo" Genannte sagte von sich: „Ich bin wund vor Liebe zu Gott." Dieser

„Narr Gottes", über den alle lachten, machte Witze über sich selbst, über die Renaissance-Päpste, kostümierte sich manchmal als Kardinal und stolzierte durch Rom mit einem Gefolge von Straßenjungen, die ihm johlend die Kardinalsschleppe trugen.
Das Rom der Renaissancezeit hat über den „Narren Gottes" begeistert gelacht. Er galt als der Stadtheilige von Rom, weshalb man ihn nicht einfach aus dem Verkehr ziehen konnte. Also versuchte man, ihn einzubauen in die kirchliche Hierarchie. 1551 wurde der Stadtstreicher ohne nennenswerte Vorbereitung zum Priester geweiht. Bis zuletzt hat er sich gesträubt, da er beim Messelesen in „Ekstase" geriet. Selbst die stille Messe, die er feierte, dauerte bei ihm vier Stunden. Immer wieder hielt er inne, starrte entzückt zum Himmel empor oder tanzte verzückt um den Altar.
Nach seiner Priesterweihe bekam er die Auflage, einen festen Wohnsitz zu suchen. Er zog in eine Dachkammer mitten in einer anrüchigen Gegend. Binnen weniger Jahre wurde diese Gammlerbude zum religiösen Mittelpunkt von Rom. Acht Leute hatten darin Platz, inklusive Philipps Katze. Er selbst saß gewöhnlich auf dem Bett und las etwas Frommes. Dann stand irgendeiner oder eine auf, niemals ein Priester, und predigte spontan über das Gehörte. Zum Schluss erfüllten die „Laude", süße Melodien der alten italienischen Frömmigkeit, die winzige Kammer. „Oratorium" nannte sich ein solch spontaner Gottesdienst.
Daraus entstand später der Orden der Oratorianer: ohne Regeln, sogar ohne gemeinsame Mahlzeiten, also kein Zusammenleben der Brüder.

Franz von Sales, Vinzenz von Paul und John Henry Newman betrachteten sich als Philipps Jünger.
Papst Johannes XXIII., geprägt vom Geist des Philipp Neri, wurde gefragt, wie er seine Entscheidungen fälle. „Ganz einfach“, gab er zur Antwort, „ich überlege mir jedes Mal, wie hielt es mein Vorgänger, dann tue ich das Gegenteil.“
Während das römische Oratorium entstand, fragte Philipp Neri, was jetzt der heilige Ignatius täte, der Gründer des Jesuiten-Ordens. Der heilige Ignatius verlangt von seinen Jesuiten Kadaver-Gehorsam. Der heilige Philipp Neri tut genau das Gegenteil: „Gehorsam und Autorität verschaffe ich mir dadurch, dass ich keine Befehle erteile.“

Alte Zöpfe abschneiden...

„Verherrlichung" ist für den Evangelisten Johannes Leben, Leiden, Tod und Geistsendung in einem. Auch nennt er die Erniedrigung Christi am Kreuz „Erhöhung".
Je mehr einer dies zu leben wagt, desto mehr erfährt er die Dialektik: Wer sich erniedrigt, hat teil an der verheißenen Lebensfülle. Davon war allerdings im Zeitalter der Renaissance-Päpste in Rom wenig zu spüren. Manche Gläubige schlichen nur noch heimlich durch Seiteneingänge in die Kirche. Am Hauptportal fürchteten sie, von Straßenjungen angepöbelt zu werden.
Verlacht zu werden war allerdings einem Philipp Neri völlig egal. Vier Stunden dauerte seine stille Messe; immer wieder hielt er verzückt inne, starrte zum Himmel empor und tanzte um den Altar. Man lachte ihn aus und er lachte mit. Er hatte ein frommes Herz und ein freches Maul, machte Witze über die Kardinäle und den Papst. Den Mächtigen war er ein Ärgernis, aber man konnte ihn nicht aus dem Verkehr ziehen. Denn das Volk verehrte ihn als „il Santo", ihren Heiligen, nicht zuletzt wegen seiner unheiligen Possen. So stolzierte er im Prachtgewande eines Kardinals durch Rom, die Straßenjungen trugen hinter ihm johlend die lange Kardinalsschleppe. Einen dicken Schlauch voll Wein haben Philipp und sein Freund manchmal geleert, sie

torkelten wie zwei alte Wermutbrüder durch Rom, von Kirche zu Kirche, Unfug treibend, sangen unanständige Lieder, allen Frommen zum Skandal, und sagten: So, jetzt wird man uns nicht mehr als Heilige verehren.
Philipp Neri war aber nicht nur ein Possenreißer, binnen weniger Jahre wurde seine Gammlerbude fast so etwas wie ein religiöser Mittelpunkt in Rom. Er selbst saß auf dem Bett und las etwas Frommes vor, die Predigt über das Gehörte hielt kein Priester, sondern ein Laie, manchmal sogar ein Kind. Die winzige Kammer des Heiligen, „Oratorium" genannt, wurde zur Gründungszelle des Ordens der Oratorianer.
Papst Johannes XXIII. wurde einmal gefragt, wie er seine Entscheidungen fälle. „Ganz einfach", gab er zur Antwort. „Ich überlege mir jedes Mal, was jetzt mein Vorgänger (Pius XXII.) tun würde, denke an Philipp Neri und tue das Gegenteil. Ich sage mir: Johannes, nimm dich nicht so wichtig."
Ein ganz wichtiger Pionier der liturgischen Erneuerung wurde der Oratorianer Romano Guardini. Auf Burg Rothenfels feierte er mit seinen jungen Freunden die Messe in deutscher Sprache, was damals noch streng verboten war.
Die Kardinalsschleppen, welche die Älteren unter uns noch kannten, diese Symbole einer gestrigen Kirche wurden zwar abgeschafft. Aber Frauen, die sich zu Priesterinnen weihen lassen und heute predigen, werden immer noch exkommuniziert. Philipp Neri, der selbst Kinder predigen ließ, würde wohl ernst oder belustigt zusehen, wie schwer sich die Männerkirche tut, ihre alten Zöpfe abzuschneiden.

„Credo quia absurdum“ (Sören Kierkegaard)

„Warum hast du uns aus Ägypten hierher geführt? Um uns in der Wüste verdursten zu lassen?“ So murrten und rebellierten die Israeliten gegen Mose. Dieser wandte sich verzweifelt an Jahwe: „Was soll ich mit diesem Volk anfangen? Es fehlt nur wenig, und sie steinigen mich.“ „Geh“, bekommt er zu hören, „nimm den Stab und schlag damit auf den Felsen. Es wird Wasser für die Dürstenden herauskommen.“ Mose folgte der Weisung und nannte den Ort „Massa und Meriba“ (d.h. „Probe und Streit“ - Ex 17,3-7). Nur murrend folgten die Israeliten Mose auf ihrem langen Weg durch die Wüste. Viele sehnten sich zurück nach den Fleischtöpfen Ägyptens.

Nun, wir haben zwar Wasser genug, aber wir dürsten in anderer Weise und rebellieren gegen den Frust. Auch ein „Mose“, etwa Papst Franziskus, mag klagen, was soll ich mit dem veralteten „Tanker Kirche“ anfangen? Wir sind ein Teil von diesem, finden es positiv, dass Franziskus sich in keiner Staatskarosse, sondern im einfachen Auto transportieren lässt. Wenn er aber fordert, „das Zuviel an Beschäftigung mit sich selbst aufzugeben, die Tore des innerkirchlichen ‚Ghettos‘ zu verlassen“, zeigen sich meist Fehlanzeigen. Etwa bei der Frage: Wie haltet ihr es mit eurem Christ-Sein?

Die Frage wird in unseren Breiten kaum gestellt. Eher umgekehrt wurde ich zuweilen aggressiv gefragt: ,,Wie können Sie, den wir als eigenständig denkenden Menschen kennen, in dieser Kirche leben und arbeiten?“ Für viele in der Klinik, in der ich seelsorgerisch tätig war, galt die Kirche als ein „Hort der Unfreiheit“ und Repression.
Wohl gab es vor dem Konzil solche Symptome, etwa das Schreibverbot für Karl Rahner, doch das ist lange her und im Konzil war der von Ottaviani geächtete Theologe ein geschätzter Berater des Kardinals von Wien. Aber dieses alte Vorurteil, die Kirche sei ein Hort der Unfreiheit, hängt uns lange nach.
„Probe und Streit“ (massa et meriba) nannte Mose den Streit mit Israel. Unser Streit mit der Moderne, mit der Herrschaft des Vordergründigen, ist ungelöst, obwohl selbst das Atom nicht direkt dem Bereich des Sichtbaren zugeordnet wird. Doch es geht um Tieferes. Wer schon jemand klagen hörte, „Ich bin religiös unmusikalisch“, wer die religiöse Austrocknung und innere Leere, die „Wüste“ bei modernen Zeitgenossen erlebt hat, der spürt die tiefe Wahrheit: Glauben gibt es nur im Überwinden von Unglauben.

Heute sind schier größere Wunder nötig als ein Schlag des Mose gegen Felsen, um Wasser zum Trinken zu erhalten. „Wenn euer Glaube auch nur so groß ist wie ein Senfkorn, dann werdet ihr zu diesem Berg sagen: Rück von hier nach dort, und er wird wegrücken. Nichts wird euch unmöglich sein.“ (Mt 17,20 ff) Wie wahr! Moderne Technik „verrückt“ ganze Ortschaften, um an die Schätze der Erde zu kommen.

Der Dichter Novalis sagt: „Indem ich dem Gemeinen einen hohen Sinn, dem Gewöhnlichen einen geheimnisvollen Anschein, dem Bekannten die Würde des Unbekannten gebe, so romantisiere ich es."

Religion „romantisiert" nicht nur die Realität, sie gibt ihr nicht nur den Anschein des Geheimnisvollen. Denn Gott ist durch und durch Geheimnis.
„Nichts wird euch unmöglich sein", verheißt der Herr. Glaube ist die Ermöglichung des Unmöglichen. Er ist von ganz anderem Realitätsbewusstsein: Im eucharistischen Brot waltet die „essbare Liebe" unseres Gottes.

Die moderne Technik verrückt mehr als nur einen Berg. Aber das „Verrückte" bleibt: „credo quia absurdum" (Kierkegaard).

Das Ende ist unser Anfang

Wir gehören einer Generation an, die immer älter wird. „Alt werden und jung bleiben“, mit diesem Motto verdrängt man oft die Frage, ob denn das Ende wirklich unser Ende und ob mit dem Tod wirklich alles aus ist. Der Glaube sagt uns, mit dem Ende fängt alles erst an. Hat man diese Zuversicht, plagt uns weniger Angst - die Sehkraft lässt zwar nach, doch wir lernen vielleicht, mehr nach innen zu schauen und etwas zu erspüren von der zugesagten Hoffnung: Unser Ende ist unser Anfang.

Schwer zu glauben, wenn die Altersbeschwerden und Krankheiten zunehmen. Die Freunde sterben uns weg. Am Telefon klagte meine verwitwete Schwester, seit dem Tod ihres Mannes leide sie an Einsamkeit. Sie sagte zu mir: „Du hast doch das Privileg, die jüngere Generation im Hause zu haben.“

Doch dies fordert auch, sich täglich zu „entfeinden“, damit nicht das biblische Wort zutrifft: Des Menschen Feinde werden seine Hausgenossen sein.

Für ihren verstorbenen Mann mag das Ende ein guter Anfang gewesen sein. Doch für alle anderen ist es eine ständige Herausforderung, damit sie mit ihrer Geduld nicht an ein Ende kommen ob der gegensätzlichen Erwartungen von Alt und Jung.

Das Ende ist unser Anfang - wenn alles zu Ende ist, wenn der Herr uns heimholt, das wird ein Fest sein! Alles wird zum Neubeginn, zur zweiten Geburt. Zwar hat das Leben ein Ende, aber dies wird zur Chance, zum Hineinsterben ins größere Leben, das Gott ist. Dann wird alle Trauer in Freude verwandelt. Die „Ent-täuschung“ nimmt die Täuschung weg, es ginge ewig so trist weiter.
Die Theologen sagen uns, die kühnsten Träume bleiben zurück hinter dem, was die neue Wirklichkeit mit uns vorhat: Er wird unter den Menschen wohnen und sie bedienen, Er, der „Alles in Allem“! Keine Unterdrückung mehr, die uns bitter werden lässt.

Das Ende ist der Anfang neuer Lebendigkeit. Die Binden werden von unseren Augen genommen und was die Mystik schon hier ahnt: Wir werden überhelles Licht schauen. Alle „-ismen“ und alle religiöse Rechthaberei werden ein Ende haben. Der Glaube wird Berge versetzen. Im Bunde mit dem Leben, das Gott ist, schmilzt der Tod selbst hinweg. „Der Tod wird nicht mehr sein.“ (Offb 21,4).
Unsere „Ich-Mauern“ werden „gefenstert“, um überhelles Licht hereinzulassen. Der alte Sisyphos wird keine Steine der Vergeblichkeit mehr hochwälzen. Die bohrenden „Warum gerade ich-Fragen“ werden ein Ende haben, da Er selber die Antwort sein wird auf alle Fragen: Vom Grenzenlosen belebt und geliebt, wird seine unüberbietbare Nähe uns alterslos verjüngen. Das Ende entfacht neues Leben.
Was jetzt noch für unsere „gehaltenen“ Augen verborgen ist, im Tod bricht eine neue Wirklichkeit hervor. Alles wird zum Medium eines neuen „Gottesfrühlings“.

Wie Mose am Dornbusch werden wir seine Stimme hören: „Ich bin der ‚Ich-bin-da-für-euch'." Der Unendliche muss in uns vernarrt sein: Allmächtig und größer nicht möglich, weil wirklich, wird Er ein ohnmächtig kleines Menschenkind, stirbt aus Liebe den grausamsten Tod, den das Römerreich seinen Feinden zumutet. Doch wenn Gott in Jesus stirbt, fällt der Tod ins Leben. „Geheimnis des Glaubens, im Tod ist das Leben", so singen wir (GL 620). „Und alle, die an Ihn glauben, sollen teilhaben an diesem Geheimnis." (Joh 3,16)

Wer glaubt, ist verborgen schon hinübergegangen ins Endgültige, ins Leben, das ein endloser Anfang ist.

Das „Sakrament des Augenblicks“

Von Cousade, einem französischen Mystiker des 16. Jahrhunderts, stammt das Wort vom „Sakrament des Augenblicks“. In allem, was geschieht, begegnen wir einer „ersten Wirklichkeit“. Sie umgibt und durchdringt uns, ob wir schlafen oder wachen, arbeiten oder - das Leben feiernd - die Seele baumeln lassen.
Doch diese „erste Wirklichkeit“ scheint dem modernen Menschen weithin abhanden gekommen, ist aber, nach Viktor Frankl und anderen Vertretern des religiösen Unbewussten, oft verdrängt präsent, in Stunden des Glücks und der Not. Als bitteres Schicksal und Stimme des Gewissens mag diese erste Wirklichkeit beim Gefangenen sich melden, beim Schlaflosen als endlos sich hinziehende Nacht oder gar als „dunkle Nacht des Geistes“ (Johannes vom Kreuz), als gefürchteter oder herbeigesehnter Tod.
Alle sind sie, sind wir umgeben von der ersten Wirklichkeit. Wäre sie uns mehr bewusst, wir wären freier, weniger geplagt von Hektik und Nervosität. Die sog. „Primitiven“ leben wohl mehr im Augenblick, sie haben keine Uhr, die jede Sekunde Zeit misst, keinen Geschwindigkeitsmesser im Auto, auf den selbst „Berufsfromme“ achten müssen, wollen sie nicht am Baum landen. Wir leben von Augenblick zu Augenblick, sind eingepasst in ein Korsett der Zeiteinteilung.
Um nicht Sklave der Zeit zu werden, trug ein Freund keine

Uhr am Arm, ging aber anderen auf die Nerven durch seine Unpünktlichkeit.
Es soll „Zeit- und Problemsklaven“ gegeben haben, die sich aus lächerlichsten Anlässen aus dem Fenster stürzten. Sind Probleme nur äußerlich bewältigt, überfordern sie uns, wir werden fahrig, unkonzentriert, ungeduldig mit uns und anderen, irgendwie besetzt von einem „niht“, würde Meister Eckhart sagen. Nicht selten zeigen wir ein Verhalten, das uns schier ununterscheidbar macht von Anhängern reiner Diesseitigkeit, die unter Umständen sagen: „Die christliche Religion ist ineffizient, ob einer glaubt oder nicht, es kommt auf dasselbe heraus.“
Wer aber das „Sakrament des Augenblicks“, die erste Wirklichkeit verinnerlicht, wird gelassener und heiterer, frei von überwertigen Ideen, trägt Mitverantwortung für Lasten der Zeit, ihre Versäumnisse und Halbheiten, glaubt nicht an den Zufall, sondern fühlt sich geführt von einem Sein, das anrufbar ist in Stunden der Not. Geführt vom „Sakrament des Augenblicks“ werden Ärgernisse ertragbar und Krisen lösbar.
Mögen „Großmeister der Wahrheit“ auch bremsen, sie werden durch den subversiven Gottesgeist ausgebremst: Als die Kardinäle einen alten Mann zum Papst wählten, Johannes XXIII., dachten wohl manche, alles bliebe mit ihm beim Alten, doch genau das Gegenteil trat ein. „Johannes, nimm dich nicht so wichtig“, sagte er zu sich selbst. Doch er wurde mit der Einberufung des II. Vatikanums zu einem der wichtigsten Päpste im 20. Jahrhundert.

Es gibt Momente der Geschichte, da möchte man analog und im Gegensatz zu Hegel nicht von einer List der Vernunft, sondern von einer List des subversiven Gottesgeistes reden. Der bremst die Bremser aus, die versuchen, Aufbrüche kleinzureden.

Papst Franziskus wagte nie Dagewesenes: eine Umfrage bei den Gläubigen, wie sie über die Sexualität denken, und ob denn das Prinzip Barmherzigkeit bei der Behandlung von Geschiedenen und Wiederverheirateten wichtiger sei als das Recht.
Von Papst Franziskus erhoffen viele weitere Reformen, die unter Umständen auch Unbehagen auslösen: Wie ist die Macht der Hierarchie, der Bischöfe, mit der Ohnmacht der sog. Laien vereinbar? Dürfen sie eines Tages ein Votum abgeben bei der Wahl eines neuen Bischofs? Wie können Veränderungen in den Strukturen greifen?
Die Widerstände sind nicht gering. Dazu bedarf es der Überlistung und des erfahrbaren Wirkens des subversiven Gottesgeistes, den man nicht kanalisieren und verwalten kann.

Die Narren und der christliche Tor

„Die Welt wäre menschenleer, wenn's die Narren nicht gäbe", soll Goethe gesagt haben. Ihre Narretei ist daran zu erkennen, dass sie ihre Phantasien für die Realität halten. So der Onkel Doktor höflich zu seiner Patientin: „Sie haben ein ‚Keramiksyndrom'." Sie fragt ihren Mann, was das heißt: „Er meint, du hast nicht alle Tassen im Schrank."
Auch von Jesus sagten seine Verwandten: „Er ist von Sinnen." Denn er ging auf Konfrontationskurs mit den Mächtigen. Das kann nicht gut gehen. (Mk 3,21)
Dem reichen Grundbesitzer, der seine Scheunen vergrößerte, um sein ganzes Getreide und seine Vorräte unterzubringen und sich den Ruhestand gönnen zu können, ruft Gott zu: „Du Narr, noch in dieser Nacht wird man dein Leben von dir zurückfordern. Wem wird dann all das gehören, was du angehäuft hast? So ergeht es jedem, der nur für sich selbst Schätze sammelt, aber vor Gott nicht reich ist." (Lk 12,18 ff)
Ein Lebensentwurf, der nur das Haben von verlierbaren Schätzen im Blick hat, dem wird seine Gottvergessenheit zum Fluch.

Eine ähnliche Narretei ist der Gesundheitswahn. In der Klinik erzählten mir Schwestern, wie Patienten Medikamente richtig gehamstert und gehortet haben. Der Hypochonder ist in diesem Sinne ein Narr, der krank wird, obwohl er gesund ist.

Und der christliche Narr? Da ist Christian Papandopulos, ein Rollstuhlfahrer, er leidet seit seiner Geburt an Muskelschwund. Die Krankheit schlummerte unerkannt in den Genen seiner Mutter. Hätte sie die Präimplantationsdiagnostik schon gekannt und gemacht, gäbe es ihn überhaupt nicht. Der Rollstuhlfahrer mit Muskelschwund kämpft bundesweit gegen die Zulassung der Präimplantationsdiagnostik. Begründung: „Ich habe keine Schmerzen und krank bin ich sehr selten. Die Muskelschwäche ist eine Eigenschaft, so wie andere eine braune Haut haben." Er hat eine ebenso behinderte Rollstuhlfahrerin geheiratet.
Die Behinderung ist Teil seiner Identität. Wer mit dem Mann längere Zeit spricht, gewinnt den Eindruck, einem innerlich freien Menschen gegenüberzusitzen. Gewiss, er ist gefesselt an seinen Rollstuhl, sagt aber: „Ich bin mit dem zufrieden, was ich erreicht habe." So war es unlängst zu lesen in der angesehenen Wochenzeitung „Die Zeit".

Was ist christlich gesehen ein Narr? Oft bekommen Christen von „Diesseitsnarren" den Vogel gezeigt. Paulus sagt: „Das Wort vom Kreuz ist denen, die verloren gehen, eine Torheit, uns aber, die gerettet werden, Gottes Kraft." (1 Kor 1,18 ff)
Toren sind die „Raffis", die nie den Hals voll kriegen, die vom Wahn des „immer mehr, immer höher hinauf" besessen sind. „Hat Gott nicht die Weisheit der Welt als Torheit entlarvt?" (1 Kor 1,21 ff)
„In der Pubertät habe ich mit meinem Schicksal gehadert. Jetzt kämpfe ich gegen die Präimplantationsdiagnostik, weil

sie eine Behinderung automatisch mit Leiden gleichsetzt, weil sie mir meine Lebensqualität abspricht." Christian Papandopulos findet echte Zufriedenheit, indem er in einer Beratungsstelle für Behinderte arbeitet.

Der Heilige Franz von Sales spottet: „Wir verlangen manchmal so sehr, gute Engel zu sein, dass wir darüber vergessen, gute Menschen zu sein." Kleine, genau begrenzte gute Vorsätze, die man noch am selben Tag ausführen könne, seien viel mehr wert als fromme Gefühle und Träume von einem ganz neuen Leben.
Manche wollen aber gar keine frommen Engel sein. Die größte Narretei ist der Selbstbetrug: Wir wollen alle alt werden und jung bleiben.

„Wie oid san denn Sie?", fragte eine Dame vor dem Waldfriedhof die andere, die neben ihr auf der Bank auf den Bus wartete. „82." „Wos, und da tuns eano no omoin? Sie san ja gschminkt!" Die so Veralberte fragte zurück: „Und wie alt san Sie?" „92!" „Wos? Und da fahrns eana no hoam?"

Die Welt dreht sich, auch wenn du sie nicht anschiebst

Ihren Lauf brauchen und können wir weder beschleunigen noch bremsen. Zu oft entpuppt sich menschliches Planen und Wollen als heiße Luft. Man schießt in die Wolken, um Hagel zu vermeiden. Gewiss, oft sind Träume Vorformen von Realität, aber oft sind sie auch Schall und Rauch. Wie „Menschen-Ameisen“ krabbeln wir auf dieser Erde geschäftig und wichtig umher - und stoßen ständig an unsere Grenzen. Seit der Erfindung des Motors haben wir unsere Bewegungen beschleunigt, aber auch das Klima geschädigt. Es macht den Menschen aus, dass er den Lauf des Lebens beeinflussen will. Während sich das Tier mit seiner vorgegebenen Rolle abfindet, erhebt sich der Mensch in der Raumfahrt und erreicht einen Zustand der Schwerelosigkeit. Schon steuert er den Mars an. Aber den Planeten Erde kann er in seinem Lauf weder beschleunigen noch bremsen. Auch die Geschichte kann das vernunftbegabte Tier nur bedingt beeinflussen. Seine Kriege zeigen die Ohnmacht aller Bemühungen, seinen Willen zur Macht bändigen zu wollen. Wir wollen die Dinge in den Griff kriegen, aber wir sind oft Opfer entfesselter Instinkte. Solange der Mensch seine kleine Welt um sein kleines Ich kreisen lässt, sucht er das Glück und stiftet doch Unglück. Er träumt wie Nietzsche vom Übermenschen - und heraus kommt ein Untermensch namens Hitler, der sich jenseits von Gut und Böse wähnt.

Wo der Mensch in der „Ich-Aufblähung“ die großen Ellbogen ausfährt, entstehen Kriege im Großen und Kleinen. Nur wenn unsere Menschenwelt sich um die Welt Gottes dreht und sich an Ihn enteignet, ist Er die Sonne - und wir der Schein, nur dann kommt es zu Hochleistungen der Kultur. Doch die Gefahr der immer drohenden Selbstvergöttlichung entzündet sich am törichten Hochmut. Es bedarf einer gewissen „anihilatio“, damit der Mensch aufhört, sich um sein kleines Ich zu drehen und theozentrisch wird.

Auch die Kirche soll sich weniger um sich selber drehen und ihre Reformunfähigkeit überwinden. Deshalb die überdeutlichen Mahnungen von Papst Franziskus an seine Kardinäle. Sie seien erkrankt an der Macht und reformunfähig geworden. Man könnte von gewissen Versteinerungen in den Strukturen der Kirche reden: Auf ewigem Fels erbauet von Gottes Meisterhand, so singen wir. Diese Ideologie macht sie weithin reformunfähig. Man könnte es den „Zahnstein“ im System nennen. Auch wenn man regelmäßig die Zähne reinigt, der Kalkansatz kommt ungewollt immer wieder. Theologisch heißt dies „ecclesia semper reformanda“ - die Kirche bedarf immer der Reform.
Wohl zu viel Menschengeist hat den kirchlichen Zentralismus hervorgebracht, so dass die hierarchischen Strukturen so reformresistent erscheinen. Der Zahnstein im System der Kirche muss immer wieder entfernt werden, weil er sich wie von selber immer wieder ansetzt.
Zu Zeiten des Bischofs Ambrosius von Mailand genügte ein Erheben der Hand für seine Wahl durch das Volk. Ein gewisses Votum des Volkes vor der Ernennung eines Bischofs hätte wohl der Kirche manche Peinlichkeiten erspart.

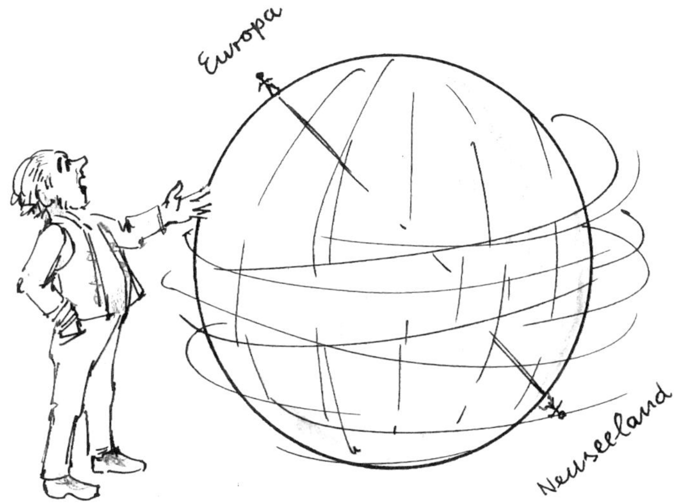

Der Zahn der Zeit hat die Kirche inzwischen humanisiert, ihrem Stifter wohl ähnlicher werden lassen. Erst durch den jetzigen Papst Franziskus hat der Reformwille eine Chance, gegen den „Immobilismus“ zu bestehen.
Die Weltkugel, die Welt Gottes dreht sich, egal ob wir sie anschieben oder abbremsen.

Frauen „spürfähiger" für das Geheimnis Leben

In einer Gesellschaft, die von Leistung und Konkurrenz geprägt ist, sind zärtliche Gefühle eher hinderlich. Auch in der Kirche hat die leibfeindliche Erziehung bis vor dem Konzil manche Verklemmtheit bei Klerikern hervorgerufen, was wiederum auf manche Laien abfärbte. „Ich bin bei meinem Mann verhungert", erklärte eine Patientin in der Klinik. Zärtlichkeit war für ihn ein Fremdwort.

Emotionale Störungen machten auch Wöchnerinnen durch. Eine von ihnen versicherte: „Ich liebe mein Kind über alles, aber kurz nach der Geburt spürte ich den Impuls, es vom Balkon im zweiten Stock runterfallen zu lassen." Das mag von der Hormonumstellung nach der Geburt herrühren. Aber auch die Missachtung bzw. die Verdrängung der Gefühle führen zu defizitärem Menschsein. Kleine Zeichen der Zärtlichkeit sind oft von heilender Kraft. Eine Patientin, die vom Bestrahlungskeller der Klinik hochgebracht wurde, war von der Behandlung geschockt, sie zitterte am ganzen Leib. Ich nahm sie in den Arm und langsam verschwanden der Schock und das Zittern.

Verängstigten schützend den Arm um die Schultern legen kann kleine Wunder wirken, Vereinsamten die Zunge lösen und den Mut zur Aussprache wecken.

„Damals, als die Verlassenheit zu mir kam, langsam kriechend sich wie ein leises Gift in mir ausbreitend, es war weniger mein persönliches Versagen, sondern einfach ein Stück ‚DDR-Denke', dass man Kinder halbe Tage und endlose Abende allein ließ", erklärte die DDR-Sängerin Nina Hagen. In panischem Schrecken sprang sie als Kleinkind aus dem Bettchen, als sie die Gespenster der Nacht heimsuchten. „Mein Vater nahm mich in die Arme, seine Liebe ließ mich wie in ein warmes Bett fallen." Originalton Nina Hagen: „Etwas Wesentliches haben wir Frauen den Männern voraus. Der liebe Gott wollte, dass die Kinder von Frauen meist unter großen Schmerzen geboren werden; so wird eine Geburt zu einer Art Einweihung in das Mysterium des Lebens. Frauen sind deshalb ‚spürfähiger' für sein Geheimnis. Eine Schwangerschaft und Geburt fordert und schenkt ihnen einen Reifungsschub, den Männer oft erst viel später, etwa in einer lebensgefährlichen Krise und Erkrankung erreichen."

Auch in der Bibel wird dies Erspüren des Geheimnisses Jesu und die stärkere Fähigkeit zu personaler Nachfolge und Treue sichtbar: Frauen harrten aus unter dem Kreuz Jesu, während die Männer sich davonmachten. Sie waren die ersten Zeuginnen der Auferstehung Jesu.

Eine Männerkirche, welche die religiöse Begabung der Frauen faktisch missachtet und ihnen das Priesteramt verweigert, amputiert und verstümmelt sich selbst.

„Gott“ ist das beladenste aller Menschenworte

Keines ist so besudelt, so zerfetzt worden. Die Geschlechter der Menschen haben die Last ihres geängstigten Lebens darauf gewälzt und es zu Boden gedrückt. Es liegt im Staube und ist ihrer aller Last. Die Geschlechter der Menschen mit ihren Religionsparteien haben das Wort zerrissen. Sie haben dafür getötet und sind dafür gestorben. Es trägt die Spur ihrer Finger und ihres Blutes. - „Aber wir können es, befleckt und zerfetzt wie es ist, vom Boden erheben und aufrichten in einer Stunde großer Sorge.“ (Martin Buber, 1878-1965)

Karl der Große wollte diesen Namen durchaus nicht besudeln, aber in Kriegen zwang er Widukind und seine Sachsen, sich taufen zu lassen. Er stritt mit gutem Gewissen. Die Missionierung mit Feuer und Schwert, die Ausrottung der Katharer geschah im Namen Gottes. In seinem Namen führten die Kreuzzügler Krieg gegen die Ungläubigen. Im Namen Gottes ließen Inquisitoren und Landesfürsten Ketzer und unschuldige Frauen als Hexen foltern und brennen. Sie haben die Last ihres oft wahnhaft belasteten Lebens auf Gott gewälzt.

Natürlich fühlten sich die Herrscher „von Gottes Gnaden“ befugt, widerspenstige Bauern gefügig zu machen. Die Religion der Liebe war vergiftet von den Pfeilen der Macht.

Der neuzeitliche Atheismus scheint weithin die Reaktion auf dieses große Ärgernis. Wie können wir das Wort Gottes purgieren?
Erst einmal, indem wir den Namen Gottes mehr mit ehrfürchtigem Schweigen umhüllen, sodann, indem wir seine Sache nie mit inquisitorischer Intoleranz vertreten. Das Evangelium hat nichts mit Beliebigkeit, aber viel mit der Freiheit des Denkens und Handelns zu tun. Wo der Geist Gottes wirkt, da öffnen sich äußere und innere Gefängnisse und werden Mauern „gefenstert". Wo der Geist weht, da ist Freiheit, sagt Paulus. Zum anderen: weg vom inflationären Gebrauch des Wortes „Gott". Wie das alte Israel können wir seinen Namen umschreiben, etwa mit den Worten: der Allmächtige, der Unbegreifliche.
Alles Reden im Namen Gottes braucht die Entlastung durch den eschatologischen Vorbehalt: Seine Gedanken sind nicht unsere Gedanken, seine Wege sind nicht unsere Wege, da die Sünde unseren Blick verstellt und uns leicht in faktische Gottvergessenheit stürzt. Zudem: Der Unsagbare wird oft kompetenter in der Musik dargestellt als im Überschwang frommer Rede. Musik bringt uns in Berührung mit dem, was das Sagbare übersteigt. Das ausgelöste Echo, aus den Tiefen der Person kommend, kann das „ganz Andere", den „ganz Anderen" spiegeln (so der Komponist Christopher Willcock).
Aber auch dies gilt: „Gott" ist das beglückendste aller Menschenworte. „Wenn einst anhebt das große Ende aller Geheimnisse, der Verborgene aufblitzt in den schrecklichen Gewittern entfesselter Liebe... Wenn die Gefäße der Sprachen zerbersten und hervorstürzen wird das reißende

Gewässer des Nie-Gesagten, dann werden die Schleier der Geschichte Gnade heißen und die Gnade Unendlichkeit, und Unendlichkeit Seligkeit“, so etwa die Dichterin Gertrud von Le Fort in „Hymnen an die Kirche IV“.
„Und die Gestirne werden ihr Loblicht in mir erkennen... und die Seelen ihr Göttliches in mir erkennen... Du, Gott deiner Sterne, du rauschender Gott deiner Stürme, du flammender Gott deiner feuerspeienden Berge. Du Gott deiner Ströme und deiner Meere, ins Meer deiner Herrlichkeit will ich springen... Du großer Gott deines ewigen Erbarmens, du großer Gott deiner verirrten Menschen. Du lässt deinen Namen besudeln... Du flutender Gott in deinen Tiefen von Liebe zu Liebe. Ich will mit meinem Lied ins Meer deiner Herrlichkeit springen: unterjauchzen will ich in den Wogen deiner Kraft.“
Für uns Postmoderne mögen die Worte der Dichterin zu euphorisch klingen. Aber ohne Begeisterung ist nie etwas Großes entstanden.

Glauben heißt auf dem Wasser gehen - die Realutopie wagen

„Als leichter Südwind aufkam, meinten sie, ihr Vorhaben sei schon geglückt; sie lichteten den Anker und fuhren an Kreta entlang. Doch kurz darauf brach von der Insel her ein Orkan los, Euraklyon genannt." (Apg 27,12 ff)
Paulus und seiner Reisegruppe, von denen die Apostelgeschichte hier erzählt, muss das hilflose Ausgeliefertsein schrecklich gewesen sein. Alles, was nicht niet- und nagelfest war, war jetzt Ballast, der das Überleben gefährdete, und wurde über Bord geworfen. Aber in diesem Toben der Elemente behält der Apostel seine Ruhe und Besonnenheit. Er kann fest und gewiss sagen: „Fürchtet euch nicht!"
Im evangelischen Gesangbuch heißt es: „Wie mit grimm'gem Unverstand Wellen sich bewegen, nirgends Rettung, nirgends Land vor des Sturmwinds Schlägen! Einer ist's, der uns bewacht: Christus, Kyrie, du wandelst auf der See." Glauben heißt, mit Christus auf dem Wasser gehen.
Auch H. M. Enzensberger schildert einen solchen Sturm: „Die Brandung ging immer höher, und das alte, offene Boot wurde hin und her geworfen wie eine Muschel am Strand - einmal erbebte es unter der Wucht einer Welle, so dass die Planken ächzten; dann wurde es von einem Wellenkamm hochgehoben, um dann wieder in grauenerregender Fahrt in das Wellental hinunterzuschießen. Immer wieder stand

das Boot unter Wasser, doch der Bootsmann schöpfte die ganze Zeit mit ruhiger Hand das Wasser aus. Mir schien, als würde das Boot absaufen oder umkippen oder in der stürmischen See einfach auseinanderbrechen. Von unseren Ängsten sprachen wir erst, als wir wieder trockenen Boden unter den Füßen hatten, aber stumm und beinahe automatisch tauschten wir Dinge aus, den Pass und Geld, damit, wenn einer von uns überlebte, er nicht mittellos dastünde. Der Pastor schloss die Augen und betete, und die Frauen machten es ihm nach. Wir gingen aber nicht unter, und schließlich glitten wir in die große Lagune von Upolu, wo das Wasser still war. Dennoch fühlte ich mich dem Tod auf dieser Reise näher als auf jeder anderen, vielleicht, weil die Angst so lange angehalten hatte. Trotz der Freude, die ich neben dem Schrecken erlebt habe."
Das Schiff, mit dem Paulus unterwegs war, ist nach dem schrecklichen Sturm zwar verloren mit allem Inhalt, aber Lukas schreibt: „Und so geschah es, dass alle gerettet wurden." - Das klingt wie ein dankbarer Schlusspunkt nach wilder Fahrt. Eigentlich können Paulus und die übrigen Gefangenen gar nichts ausrichten. Aber hier ist alles anders: Ohne Paulus läuft nichts. Er ist sozusagen der geheime Kapitän. Er gibt fachmännische Ratschläge und dem Hauptmann einen lebenswichtigen Hinweis. Er ermutigt die Besatzung, sorgt für Nahrung, spricht ein Gebet. Wie kann ich meine oft pessimistische Vorsatzlinse umprogrammieren, Signale der Hoffnung senden in eine oft pessimistische Umwelt?

Der gute Hirte (Joh 15,1-8)

Oft bedürfen die Worte des Evangeliums einer „Übersetzung“ in die Sprache unserer Zeit.
Geben wir es zu: Jesus, der gute Hirte - und ich soll ein Schaf sein? Ein dummes Schaf, das nicht mehr als blöken kann, das seinen Weg nicht alleine durch diese Welt findet, das von anderen geführt werden muss? - Nein, ein solch tumbes Schaf möchte und soll ich nach dem II. Vatikanischen Konzil auch gar nicht sein: der mündige Christ hat heute auch eine andere Beziehung zu den real existierenden Hirten.
Mit ihrer repressiven Moral schrieben sie, ganz noch in der Schule des Augustinus, dass alles, was in der körperlichen Gemeinschaft der Eheleute nicht ein Kind beabsichtige, als Sünde gelte - und so standen die Leute damals Schlange vor den Beichtstühlen der Hirten. Heute entscheiden selbst Christen, die sich als stramm konservative Untertanen des Papst-Hirten verstehen, die Frage, wie viele Kinder sie verantworten, durch eigenen mündigen Entscheid ihres Gewissens.
Zunächst aber macht das Bild vom guten Hirten eine wichtige Aussage über Jesus selbst: Er ist der im alten Bund verkündete Messias, der Hirte des Volkes Israel, der das Beste für sein Volk im Sinne hat.
Obwohl wir Menschen uns als Wesen des Mangels empfinden, jubelt der Psalmist (Ps 23): „Der Herr ist mein Hirt,

nichts wird mir fehlen..." „Selbst wenn ich durch finstere Schlucht muss" - also gefährliche Abgründe überstehen, Situationen der Bedrohung wie Krankheit und Tod: „Ich fürchte kein Unheil."
Selbst wenn das Schicksal uns mit Hammerschlägen trifft, jubelt der vom guten Hirten Geführte: „Dein Stock und dein Stab geben mir Zuversicht!" - Unvergesslich eine Krebspatientin - den sicheren Tod vor Augen, sagte sie, sie spüre sich geführt und geborgen in Gottes Hand, „du deckst mir den Tisch vor den Augen der Feinde".
Unser Wohlstand war und ist bedroht von Feinden, der Gier von US-Bankern und Spekulanten, doch im grenzenlosen Vertrauen auf seine universale Fürsorge hoffen wir trotzdem, die Weltwirtschaftskrise zu überstehen.
Im Evangelium heißt es: „Und er wurde gläubig mit seinem ganzen Hause." Das heißt, die Kinder nahmen einfach teil an der Glaubenswerdung ihrer Eltern. Wenn aber diese Rolle der Eltern weithin ausfällt, weil sie am Gemeindeleben sonntags nicht teilnehmen, ist die Weitergabe des Glaubens höchst gefährdet. Wenn in einer Volksabstimmung in Berlin die christliche Bürgerinitiative, die den Religionsunterricht dem Ethik-Unterricht gleichstellen wollte, unterlegen ist, werden bald Kinder fragen: „Papi, was war noch mal Ostern?" Und kennt man von Weihnachten und dem Christkind dann nur noch den Weihnachtsmann, so haben wir es mit einem Bruch mit Tradition und Kultur zu tun.
Der französische Staatsphilosoph Alexis de Torqueville, dessen Großvater ein Opfer der Revolution wurde, sagt: Der Mensch ist von Natur aus ein homo religiosus. Nie wird die kurze Zeitspanne von Lebensjahren im Erreichen irdi

scher Ziele seinem Herzen genügen können. Er verachtet das im Leben Erreichte und fürchtet das Nichts. Der Unglaube widerspricht dem natürlichen Gefühl und Wesen des Menschen und versetzt seine Seele in einen trostlosen Zustand. Die Religion macht ihm bewusst, was ihm eigentlich fehlt. Der religiöse Glaube ist für die sittliche Orientierung der Staaten und Völker unverzichtbar. Eine zivilisierte, freie Gesellschaft kann nach Torqueville nicht ohne Religion bestehen - konkret ohne das Hirtenamt der Kirche. Mit den Kirchenaustritten droht auf Dauer neue Barbarei. Am Schluss seines Lebens bedauerte er, dass er der Religion keinen größeren Platz in seinem Leben eingeräumt habe.
Die spürbare faktische Gottvergessenheit weiter Teile unserer Bevölkerung ist primär ein Problem für die Gesellschaft. Der Bedeutungsverlust der Religion bedeutet einen Verlust von Hoffnung und Zuversicht - das Volk wird noch mehr Opfer der Gier, je mehr die Gesellschaft zur Ellbogengesellschaft verkommt.

„Ihr seid ein Brief Christi“ - so ihr liebt (2 Kor 3,2)

Man traf sich zu einem „gruppendynamischen Wochenende“ - religiös Interessierte und Indifferente einigten sich auf eine sonntägliche Besinnung, bei der ein Teilnehmer das Wort ergriff, der sich als „religiöser Atheist“ verstand. Unter allen Männern der Geschichte bedeute ihm Jesus von Nazareth am meisten, weil er von Liebe nicht nur geredet, sondern sie gelebt habe. Doch die Kirche habe in ihrer Geschichte diese Bewegung mit Leibfeindlichkeit belastet und ekklesiogen geschädigte Neurotiker hervorgebracht. Er sei deshalb ausgetreten und er fordere uns auf, dasselbe zu tun.

Als einziger „Berufschrist“ in der Runde erklärte ich: „Sie haben in vielem recht. Aber dieser Jesus von Nazareth kann Ihnen nur deshalb so viel bedeuten, weil es diese spirituell belastete Kirche gibt.“

Trotz ihrer historischen Mängel hält sie am Ideal menschenwürdiger Liebe und Treue fest. Dass vieles unerreicht bleibt, wusste schon Sigmund Freud, der erklärte, zum Glücklichsein sei der Mensch nicht geschaffen. Und doch kann er gar nicht anders als glücklich sein, lieben und geliebt werden wollen. Wo dies misslingt, wird es tragisch, heißt es doch selbst in der Bibel: „Des Menschen Hausgenossen werden seine Feinde sein.“

Trotz aller historischen Beschädigung ist der kirchliche Glaube eine heilende Macht. Schon in der Frühkirche sagten Heiden: Seht, wie sie einander lieben. Von ihrem Herrn am Kreuz haben sie gelernt: Vergebung heilt, die Liebe ist stärker als aller Hass der Welt.
Der Grenzenlose scheint richtig vernarrt zu sein in die Menschen. Er lässt seinen Sohn die letzte Gottesfinsternis am Kreuz erleiden, um im Tod das Leben umzudrehen ins absolute Leben. Gefordert ist aber die Entscheidung: entweder wir lieben uns oder wir bringen uns in irgendeiner Weise um.

Wann sind wir also ein Brief Christi? Wenn man aus unserem Christsein die Lebensgeschichte Jesu wie aus einer Bibel lesen kann - der einzigen, die der moderne Mensch noch liest. Doch wir können Christus im Spiegel unserer Existenz bis zur Unkenntlichkeit verzerren - wohl ein Anlass postmoderner Ablehnung des Christentums.
Was kann man tun, um ein Brief Christi zu werden? Eine Antwort der Frühkirche hieß: Ich lasse ihn eine Zeit lang bei mir wohnen. Trauen wir uns missionarische Kraft noch zu? Gerade dazu bedarf es nicht frommer Worte, sondern gelebter Liebe, die heilt (einer therapeutischen Kirche, wie Eugen Biser es nennt). Gefährdet wie eine Seifenblase, bedarf es im Tiefsten eines Wunders, das nicht aus unseren Möglichkeiten kommt.
Er wird das Unlösbare lösen, öffnen auf ein „Woraufhin und Wozu", wird die Antwort sein auf alle Widersprüche und Fragen, die wir nicht beantworten können. Religion ist Leben, nicht als Lückenbüßer, sondern mitten durch unsere Lücken

und Absurditäten hindurch. Vom Auferstandenen neu belebt und mit auferstanden, werden wir befreit aus aller Erdenschwere.
Im Mittelalter übte man das Osterlachen nicht als leeres Ritual, sondern als Weg zur Osterfreude.
Ein „Brief Christi" sind wir, wo man nicht zu Kreuze kriechen muss, sondern teilhat an der Freude Jesu, wo man vom Fluch der Unterdrückung befreit wird. Wo die Gegensätze von Oben und Unten sich relativieren, wo Dienen und Herrschen dasselbe sind. Wo man einander die Füße wäscht und den Kopf. Der Vorgesetzte ist nicht mehr mein Feind, sondern „entfeindet", mein Freund.
Solche „Briefe Christi" mag es nicht so häufig geben, aber sie verändern das Leben. Wo er zu lesen ist, da ist der Humor nicht weit. Wie im Bieranstich am Nockerberg, wo die da oben sich „derblecken" lassen, ohne dass Feindschaften entstehen. Da wird etwas vom alten „Osterlachen" lebendig, da man dem Tod die Narrenkappe aufsetzte, da Mühselige und Beladene sich erhoben zu transzendierender Freude.

Das Ritual des Osterlachens könnte auch uns heute beleben und heilen vom Absturz ins Dunkel, erhellt und „durchfreut" vom Geheimnis der Auferstehung, die sich fortsetzt im Heute.

Jesus - kein Leisetreter

Stellen Sie sich vor, vor der Kirche in Altötting würde jemand die frommen Buden zerdeppern, Kerzen und Heiligenbildchen auf die Straße werfen und schreien: „Fort mit dem Klimbim! Ihr macht aus der Religion ein Geschäft, aus der Kirche eine Räuberhöhle, einen frommen Supermarkt." Kein Wunder, dass ihre Gegner behaupten, es gehe ihr bloß ums Geld. So ähnlich skandalös war der Auftritt Jesu im Tempel. Das war kein bloßer Versuch der Reinigung von religiösem Missbrauch. Jesus greift den damals legitimen Tempelkult bzw. seine Finanzierung an. Denn die Pilger aus fernen Ländern brauchen doch eingewechseltes Geld, um die Opfertiere zu kaufen. Was Jesus in Rage, in heftigem Zorn zuschlagen lässt, ist die Perversion von Religion zum frommen Kuhhandel: Ich gebe Jahwe Opfer, und er straft mich nicht für meine Vergehen. Ein Lump bleibe ich trotzdem.

Jesus steht mit seiner Geißel ganz in der Tradition der Propheten, da etwa Jesaja fordert: „Barmherzigkeit will ich, nicht Opfer!" Sein himmlischer Vater, der durch und durch Liebe ist, muss nicht erst durch Opfergaben versöhnlich gestimmt werden.

Jesus weiß, welche Konsequenzen sein Handeln hat. Legt er doch die Axt an das Fundament des jüdischen Religionssystems und seiner Finanzierung. Er weiß, ihre scheinbar

harmlose Frage, „mit welchem Recht tust du das?“, enthält bereits ihren Beschluss zu seiner Tötung. Deshalb sagt er ihnen: „Zerstört nur diesen Tempel, den Leib, in drei Tagen werde ich wieder aufstehen aus dem Grab.“
Seine Jünger werden nach seiner Auferstehung ähnlich furchtlos und streitbar sich weigern, dem heidnischen Gottkaiser in Rom zu opfern. Für sie sind die zehn Gebote, von denen wir in der Lesung hören, das Grundgesetz ihrer religiösen Kultur. Das Heidentum ließ sie ob dieser Weigerung, den Göttern zu huldigen, als Atheisten verfolgen und umbringen.

Die gewaltfreie Liebe eines kleinen Häufleins der Jünger Jesu hat sich nach Jahrhunderten der Verfolgung als stärker erwiesen als alle Macht im heidnischen Großreich, das die damals bekannte Welt beherrschte. Die frühen Christen nahmen Maß am Dekalog, du sollst keinen fremden Göttern, auch keinen heidnischen Göttern huldigen.
Hätte man später, als das Christentum Staatsreligion geworden war, mehr auf Jesu Beispiel geschaut, wäre es nie zum Ablasshandel gekommen, hätte nie ein Mönch Tetzel predigen dürfen: „Wenn der Heller in dem Kasten klingt, die Seele in den Himmel springt.“ Es wäre nie zu diesem neuen Kuhhandel gekommen: Ich kann weiter sündigen, mir aber den Himmel mit Geld und Ablässen erkaufen.

Nichts wäre für die Kirche schädlicher als zu vergessen, warum Jesus die Geißel gegen den damaligen Religionsbetrieb geschwungen hat. „Ecclesia semper reformanda!“ Unmerklich, wie der Zahnstein sich zwischen die Zähne schiebt

und sie kaputt macht, schmuggelte sich immer wieder der Händlergeist in die Kirche ein. Deshalb bedarf es immer wieder der Entrümpelung.
Der gegenwärtige Reformstau erscheint, von dieser geschichtlichen Erfahrung her gesehen, nicht ungefährlich. Damit die Kirche, die wir sind, sich an Haupt und Gliedern immer wieder erneuern kann, bedarf es der mündigen Christen, die den Mund aufmachen - und wenn es sein muss, auch mit spitzer Zunge um ihre Erneuerung kämpfen. Wir brauchen auch ein streitbares Christsein, da mancherorts bereits die Kirchen wegen Überalterung leer und leerer werden, die Moscheen aber zum Freitagsgebet mehr als gefüllt sind.
Doch wir brauchen nicht den Kampf der Kulturen. Es wird nicht zur Islamisierung Europas kommen, sondern zur Europäisierung des Islam, wenn er überleben will, versichern mir befreundete Muslime. Aber dazu ist nötig, dass wir uns ins Gespräch mit ihnen einlassen. Im Mittelalter haben wir von der Begegnung schon viel profitiert, denken wir zum Beispiel an die Kultur des Minnesangs oder die Wiederentdeckung des Aristoteles durch die islamischen Philosophen Avicenna und Averroes.
Es braucht den friedlichen Streit, den Dialog unter Ebenbürtigen, dann werden sie sich dem Gespräch nicht entziehen. Um diese bereichernde Begegnung in unserem Umfeld wollen wir beten.

„Liebe und tue was du willst“ (Augustinus)

Zweimal erklärt Jesus im Evangelium - er will wohl betonen, wie wichtig ihm das ist: „Wer meine Gebote hält, bleibt in meiner Liebe.“ Doch für viele scheinen Liebe und Gebote nicht recht zusammenzupassen. Liebe ist doch etwas Spontanes, vom Gefühl stark Bestimmtes, aus Liebe bringen sich manche sogar um. Auch die vielen Ehescheidungen lassen ahnen, dass Liebe und Gebote zum Problem werden können. Jesus sagt einerseits, wer seine Gebote hält, bleibt in seiner Liebe, andererseits sagt er auch, der Menschensohn ist Herr über die Gebote, über den Sabbat, und er tut Verbotenes: er heilt Kranke am Sabbat. Wohl befolgt er grundsätzlich die Weisungen der Tora, des jüdischen Gesetzes, doch in Konflikt- und Grenzsituationen handelt er autonom, aus seinem gottunmittelbaren Gewissen.

Leider hat die christliche Tradition diese Spannung zwischen Gebot, Liebe und Gewissensautonomie nicht durchgehalten. Stauffenberg hatte keine Chance, weil Millionen Soldaten zum blinden „Befehl ist Befehl“-Gehorsam erzogen waren. Doch auch im historischen Versagen geschieht Heilsgeschichte: „Gott schreibt auch auf krummen Zeilen gerade.“ (Paul Claudel)

Sein Geist, der Herr der Geschichte, stößt oft grausigst-krumme Wege an: die französische Revolution mit vielem Köpferollen, die russische Revolution mit nicht weniger Grausamkeiten.

Gott schreibt auch im Einzelleben, in friedlichen Zeiten „auf krummen Zeilen gerade“. Manche durchleben eine stürmische Pubertät, eine kaputte Ehe, dunkles Nicht-mehr-glauben-können. Manche hadern wie der alte Hiob und denken oder sagen: „Ich strenge mich an, versuche nach den Geboten Gottes zu leben, mache keinen Seitensprung, versage mir so vieles, was andere sich gönnen, die den Herrgott einen guten Mann sein lassen. Ich engagiere mich in der Gemeinde und bei sozialen Projekten. Und gerade ich kriege Krebs!“
Wer soll die krummen Wege verstehen, auf denen Er gerade schreibt, wie der Dichter Paul Claudel dies behauptet?

Doch wir sind nicht so, wie wir sein sollten. Wir leben unter der Grundbedingung der Schuld, werden aneinander und Gott gegenüber schuldig. Können oft Versäumtes nicht mehr gutmachen, stürzen in depressive Untiefen, durchleben manche Gottesfinsternis (Martin Buber).
Eine krebskranke Frau sagte: „Wenn ich Selbstmord beginge, würde mein Mann ein bisschen trauern, aber dann hoch hüpfen, weil er endlich frei wäre von der Belastung durch seine schwerkranke Frau.“
Glauben heißt oft, die unbegreiflichen Wege Seiner Fügungen bejahen. Doch der Rechthaber in mir riecht aus allen Poren, weiß es oft besser.
Alles, was wir festhalten, wird unter der Hand zum Gift. Selbst wenn wir die Luft beim Ausatmen anhalten und nicht hergeben, ersticken wir. Wenn wir die Nahrung festhalten in der Verstopfung, vergiftet sie uns. Nur wer loslässt, erstarrt nicht im Immobilismus lebendigen Totseins.

„Liebe und tue was du willst!", sagt Augustinus. Dann löst sich oft die Spannung zwischen Liebe und den Geboten auf. Wer aber nur geben will, verweigert dem geliebten Du die Ebenbürtigkeit und leidet oft am Helfersyndrom. Wer nur nehmen will, zerstört egoistisch jede Liebe, von der Paulus sagt, die Liebe sucht nicht das Ihre.
„Wir brauchen ein paar Verrückte, die den Laden am Laufen halten", sagte einst der Chef der Klinik, in der ich seelsorgerlich tätig war. Es braucht die christliche Torheit, die keinen Minimalismus kennt, keinen „Dienst nach Vorschrift". Es braucht aber beides, auch das strikte Einhalten von Normen - egoistische Schlamperei wäre in vielen Bereichen tödlich, etwa für Neugeborene oder im Operationssaal, um nur ein paar Beispiele zu nennen.
Nachfolge Jesu vor Ort ist aber mehr als die Leistung eines „bezahlten Knechts". Mach dein Herz verletzlich, fügsam wie Wachs, das brennt in der Liebe, mach es aber auch hart wie ein Stein, damit es Schläge erträgt, mit denen gekreuzigte Liebe rechnen muss.
Es braucht die christliche Torheit, um die Liebe eines in uns vernarrten Gottes ebenbildlich erfahrbar zu machen. Lass dich etwas anbrennen von Seiner Faszination!

Reichtum - haben, als hätten wir nicht

Er war ein typischer Workaholic, der es zu etwas bringen wollte, kannte keine freie Minute, die er nicht nutzte, um voranzukommen. Und er hatte es zu viel Geld und Besitz gebracht. Dann starb er. Man hätte über sein Leben schreiben können: Sein Leben war Arbeit und jetzt hat er sein Ziel erreicht - in einer Urne aus Ton. Einer der vielen, zu denen Jesus in seiner Geschichte vom reichen Mann (Lk 12,16 ff) sagen würde: „Du Narr! Noch in dieser Nacht wird man dein Leben von dir zurückfordern. Wem wird dann all das gehören, was du angehäuft hast?“
Das müssen gar nicht steinreiche Leute sein, auch normale Zeitgenossen können vom Streben nach Geld und Besitz, nach Geltung und Prestige fast besessen sein, so dass sie unfähig werden, sich des erworbenen Besitzes zu erfreuen.

„Ich habe doch noch gar nicht gelebt!“, sagte eine Patientin, welche die Diagnose erhalten hatte, sie habe Krebs und damit verkürze sich ihre Lebensspanne sehr. Aber beschleicht uns nicht auch zuweilen das Gefühl der freudlosen Gereiztheit, weil wir dies oder jenes nicht haben können, weil uns dieser oder jener Mensch nicht unseren Willen tut? Wohl dem, der sich rechtzeitig auf die Schliche kommt und die Kurve kriegt. Er könnte aussteigen aus dem Teufelskreis des faktischen Materialisten: Man arbeitet, um zu essen und isst, um zu arbeiten - und am Abend ist man zu müde und mürrisch, um sich noch richtig an den vielen Dingen freuen zu können, die uns gegeben sind und uns im Weltmaßstab durchaus als Prasser erscheinen lassen.

Es braucht eine tägliche Einübung in die nötige Distanz von den Dingen, die wir haben. Sie könnte uns in täglicher Meditation und Stille jene Selbsterfahrung schenken, da unsere innere Leere sich als empfangendes Wesen spürt: „vacare deo" nannte dies die christliche Tradition. Hier kann der oft so fixierte Blick auf „Dies und Das" sich weiten auf ein grenzenloses Geheimnis: Am Grunde unseres Wesens ist Lebensfülle, vor der alles Vordergründige entweder wie „Kehricht" oder von sekundärer Bedeutung erscheint. Alles, was wir erlebt haben und erfahren, erhält einen ganz anderen Stellenwert und Sinn. Dies meint der Herr, wenn er sagt, er will, dass wir das Leben haben und dass wir es in Fülle haben. (Joh 10,10)
Solches Spüren kann zum Heilmittel werden gegen schlechte Laune und Nörgelei. Denn alles Negative, alles, was uns fehlt, erhält ein anderes Vorzeichen: Eingetaucht in das Mysterium von Tod und Auferstehung spüren wir, wir leben nicht nur unser eigenes Leben - nicht mehr *ich* lebe eigentlich, Christus lebt in mir.
Wer sich wirklich überreich vom Leben in und hinter allem Leben beschenkt fühlt, den drängt es zu jenem eucharistischen Dank, von dem man mit Fug und Recht sagen kann: Dem Dankbaren ist es unmöglich, unglücklich zu sein.

Salz der Erde - Licht der Welt

Man hört häufig: „Salz ist Gift.“ - In der Tat: Salz im Übermaß kann man nicht essen. Ganze Schiffsbesatzungen sind mitten im Salzmeer verdurstet. Aber als Zutat macht es Speisen bekömmlich und gibt ihnen die Würze.
Nun sagt der Herr: „Ihr seid das Salz der Erde, das Licht der Welt.“ - Für mich ist eine solche Lichtgestalt Papst Franziskus. Bei einer Audienz war ein Mann, dessen Gesicht war so entstellt, dass alle wegschauten. Der Papst schaute ihn lange an, umarmte ihn und hielt ihn lange fest in den Armen. Der von allen Gemiedene jubelte, diese Begegnung habe sein Leben verändert.
Jeder von uns kann Salz der Erde und Licht der Welt sein, jene guten Werke verrichten, die man auf und nicht unter den Scheffel stellen soll. Wo die Liebe Christi leuchtet, da enden Mobbing und Unterdrückung. Wer Ihn erfahren hat, der wird nicht endgültig als Säuerling verbittert seine Lebenssuppe auslöffeln.

Der Philosoph Fridolin Stier schrieb einmal in sein Tagebuch: Eines Tages ertappte die Natur einen Wissenschaftler auf frischer Tat: Er hatte sich erdreistet, die Natur ein Ergebnis der tollsten Zufälle zu nennen. Sie packte ihn und drückte sein Gesicht auf den schwellenden Rasen in die Gräser, Blumen und Kräuter. „Nun, wie war's?“, fragte die Natur, als er wieder auf den Beinen war: „Oh, diese köstlichen Düfte, ich kenne ihre chemischen Formeln.“ Da warf sie ihn ein zweites und drittes Mal auf den Boden, so fest, bis ihm die Sinne schwanden. Erst dann ließ sie ihn wieder los. Lange schwieg der Naturwissenschaftler und sagte: „Es ist etwas Seltsames an dir, ich fürchte, du riechst nach Gott.“ - Wer Ihn erahnt, der sucht Ihn in allen Dingen.

**Sich für einen Glauben öffnen,
der nicht krank, sondern gesund macht**

Die Pharisäer galten als Inbegriff engstirniger Buchstabendienerei. Das junge Christentum entwickelte seine judenfeindlichen Tendenzen am Feindbild der Pharisäer. Die Pogrome gegen Juden gab es schon im Mittelalter. Pauschal wurden sie diskriminiert als Gottesmörder. Papst Johannes Paul II. sprach öffentlich die Bitte um Vergebung für das große Unrecht aus, das von christlicher Seite den Juden angetan wurde.
Wir verstehen unter einem „Pharisäer“ einen heuchlerischen Menschen, der am Äußerlichen klebt. „Barmherzigkeit will ich, nicht Opfer“, so sagt der Psalmist. Kann man von einer gewissen Verkultung des Christlichen sprechen? Jesus zog nicht mit einem Abendmahlbesteck durch die Lande, um täglich oder wöchentlich einen Kult zu zelebrieren. Am Anfang war das Leben selbst die Religion. Die Menschen spüren, wo religiöse Audrücklichkeit nicht gelebt wird, wie sie für Jesus selbstverändlich war, dort stirbt die Religion.

Das bleibende Anliegen heißt aber nicht zu erkranken an innerer Erstarrung. Auch uns gilt die kritische Frage: Wie halten wir es mit der Angst vor Veränderung? Das Evangelium schließt nicht mit den Worten: Lasst alles beim Alten, sondern: Siehe, ich mache alles neu.

Die polemischen Äußerungen Jesu den Pharisäern gegenüber sind keine Tonbandaufzeichnungen, sondern mündlich tradierte Worte, die das Wesen der pharisäischen Frömmigkeit geißeln. Jahrhundertelang wurden sie als Gottesmörder diffamiert. Ich kann mich erinnern, wie mich das verletzt hat, als Amerikaner mich drüben als Judenvernichter beschimpften - ich könnte genauso behaupte: Ihr habt die Indianer zu Millionen ausgerottet. Mit dem verstorbenen Papst Johannes Paul II. müssen wir öffentlich eingestehen, wie viel Schuld die christliche Tradition auf sich geladen hat. Jesus war selber Jude, der Antisemitismus klingt bereits in den Attacken gegen die Pharisäer, als seien diese der Inbegriff der Heuchelei und Veräußerlichung. Ihr Streben nach Gerechtigkeit meint Heil und Wohlfahrt für alle und meint einen Zustand, in dem jeder erhält, was er zum Leben braucht. Was im Evangelium hoch antisemitisch wird, das war selbst bei der liberal-jüdischen Mutter von Edith Stein jahrhundertealte bis in ihr Jetzt reichende Tradition, dass die Witwe eines verstorbenen Holzhändlers, sparsam und bedürfnislos sich selbst gegenüber, selbstverständlich den Armen, egal ob Jude oder Christ, in Breslau nach dem Ersten Weltkrieg im Winter Holz schenkte oder auch Geld, wenn Not herrschte.
Keine Religion kommt darum herum, Spielregeln des Miteinander, Gesetze und Gebote wie Verbote zu erlassen.
Jede Religiosität ist in Gefahr, das Äußere für das Wesentliche zu halten. Immer wieder müssen wir fragen: Wer bin ich wirklich? Schon erstarrt im Gewohnheitstrott und frommer Anpassung? Deshalb betont Jesus: „Was aus dem Herzen herauskommt, das macht ihn unrein. Denn von innen, aus

dem Herzen kommen die bösen Gedanken - und dann die lebensfeindlichen Handlungen
Im Gegensatz zum Osten vernachlässigen wir im Westen nach Graf Dürckheim das Innen, uns geht es wie vielen Rentnern, die gegen die Kürzung ihrer Renten protestieren, obwohl sie selber durch ihre Kinderarmut oder Kinderlosigkeit dafür gesorgt haben, dass sie gekürzt werden.
Der Perfektionismus hat in Jesus seinen Todfeind erkannt. Wollte ich warten, bis ich vollkommen bin und erst dann mich und andere lieben, bliebe ich unzufrieden und undankbar. Wollte ich makellos sein, ohne Mängel, Macken und Risse, hätte ich nie leben dürfen, sondern ein Schmuckstück im Schrank bleiben müssen, das im Regal steht, zu kostbar, um je verwendet zu werden.
Meinen Schatten entdecken, indem ich auf das schaue, was mich unzufrieden, ärgerlich und ungeduldig stimmt. Es hilft mir, das Ungeliebte, Peinliche, auch meine Kompensationen, Wahn und Egotrips, den Druck des berühmten Über-Ich abzuschütteln, und endlich der zu werden, der ich bin, sein kann und werden soll. Wo muss ich meinen Perfektionismus fallen lassen?
Dies Zimmer ist ausreichend sauber, um gesund zu sein und staubig genug, um glücklich zu sein! „Ich mache mir Sorgen um die Mädchen und Frauen“, sagte eine bekannte Fernsehmoderatorin, „da wird zu viel nach außen getragen, als ob das Äußere das Eigentliche wäre.“ Ich bin das, was ich hermache. Die Mädchen sollen dünn sein und schön und sich emanzipiert geben, Mädchen Hand in Hand, einfach weil sie sich festhalten müssen, sie wirken extrem verunsichert, wie wir es früher nicht kannten.

Schon die unbelebte Natur reagiert auf gute oder böse Worte, erst recht kann ein Kind, das von klein auf primär Negatives, Kälte und Grobheiten zu hören bekommt, nur eiskaltes Funktionieren erlebt, richtig erkranken. Sicher hat jahrhundertelanges Angst machendes Reden von der bösen Welt auch ekklesiogene Neurosen erzeugt. So groß ein Heiliger wie Augustinus war, in seinen viel gelesenen „Confessiones", einem der ersten Tagebücher der Weltliteratur, bekannte er, er habe seinen Augen gegrollt, dass sie sich an einem laufenden Hasen erfreuten. Die krank machende Fernwirkung solcher Weltverachtung war selbst noch in der Zeit des Konzils zu spüren. Um nur ein Beispiel zu nennen: Am Telefon klagte eine Studentin, nach dem Besuch eines öffentlichen Bades könne sie nicht richtig beten und nachts tauche ein Dämon neben ihrem Bette auf, der sie richtig erschrecken lässt. Schöne Leiber im Bade zu sehen, war für sie unbehaglich und alle theologische Erklärung, dass doch selbst der hl. Thomas von Aquin schwermütigen Leuten zu baden geraten habe, konnte ihr das dumpfe Gefühl, sie sei durch und durch schlecht, nicht nehmen. Die vielen Skrupulanten, die es früher gab, lassen ahnen: Es gab krank machende Religion, die sog. ekklesiogenen Neurosen. C.G. Jung definiert diese als einen Zustand des Zerrissenseins, verursacht durch den Gegensatz von Triebbedürfnissen und den Anforderungen der Kultur; das Kind wurde z.B. zu einer „Bravheit" erzogen, die gar nicht zu ihm passte: Ich saß als kleiner Bub am Tisch der Erwachsenen, während die Gleichaltrigen rumtobten. Und man hielt mich für besonders gut erzogen.

Als sich meine Schulklasse, nun alle 70-jährig, traf, fragte ich sie: Habt auch ihr beim Sehen einer locker angezogenen Filmschauspielerin euch gefragt, habe ich jetzt eine Todsünde begangen, oder nicht?, war die einhellige Antwort: Wir alle haben Angst vor der Hölle gehabt. Gleiches bestätigten viele aus der älteren Generation.
Nun predigen die Priester heutzutage eher zu wenig vom jüngsten Gericht und der Möglichkeit endgültiger Verhärtung im Nein zu Gott, da Gott die Freiheit des Menschen respektiert. Allein schon eine zu autoritäre Erziehung kann im Kind die Vorstellung vom barmherzigen Vater Jesu Christi verdunkeln, so dass sich das Bild vom strafenden Gott bereits in den ersten Lebensjahren festsetzt. So sagte nach dem Krieg eine durchaus „aufgeklärt" wirkende Kriegerwitwe, deren Mann und Sohn gefallen waren, der Herrgott hat uns nichts gegönnt. Sie sagte nicht, der verrückte Hitler hat den Krieg angefangen und so viel Leid in unsere Familie gebracht, ihre Vorstellung vom barmherzigen Gott war unterschwellig verdunkelt durch einen Gottesdämon, der, von Neid erfüllt, den Menschen kein Glück gönnt.

Die entscheidende Frage, wie gelangen wir auf eine neue Bewusstseinsstufe, um uns aus der Umklammerung des Ich zu befreien: Solange dieses Prinzip unser Verhalten beherrscht: Wo Menschen glücklich werden wollen, machen sie andere leiden - glücklich werden wollen also auf Kosten des anderen, da leben sie noch in der Ich-Spaltung: Ich - nicht du! Jene Haltung, die Paulus so umschreibt: Nicht mehr ich lebe, sondern Christus in mir. Dann wird das Leid der anderen zu unserem Leid, da derselbe Christus in mir und dir seinen Bestand und Erlebnismaßstab hat. Dann helfe ich mir selber, wenn ich dem anderen helfe. Auf dieser Bewusstseinsstufe erleben wir, wie viel Gutes wir von anderen erfahren. Daraus entspringt die Haltung des „eucharistein“ - Dankbarkeit, sie wird zu einer Grundhaltung unseres Lebens, weil wir spüren, wie sehr wir letztlich uns nicht selbst verdanken.

Unsere kühnsten Träume werden wahr (Karl Rahner)

Beides ist der Mensch: ein armseliges Stäubchen Erde, im Zwist mit sich selbst, schier erdrückt von dem, was ihn umgibt - und doch auch ein ganzes Universum für sich, mit dem Horizont ins Grenzenlose. Ganz klein fängt er an im Mutterschoß. Und doch liegt sein Ursprung in der Transzendenz. (Graf Dürckheim)

„Darin liegt ein großes Übel, dass der Mensch sich Gott in die Ferne rückt - entfernt Er sich doch nicht weiter als bis vor die Tür." (Meister Eckhart)

Ja, er sagt: „Ich bin die Tür zu den Schafen." (Joh 10,7)

Wenn aber Gott uns näher ist als wir uns selbst, so ist uns ein Schlüssel gegeben, alles „sub specie aeternitatis" zu sehen, im Lichte des Ewigen.

Einerseits sind wir hineingenommen in den Kreislauf des Lebens: Über 90% bestehen wir aus Wasser. Es findet sich im Wasserdampf, steigt empor und stürzt als Regen vom Himmel, entspringt als kleines Rinnsal der Quelle, wächst an zum Bach, Fluss und Strom, der ins Meer mündet.

Gelänge es, zu unseren Quellen, zum Grund unserer Seele hinabzusteigen, die auch eine Art Meer ist, ihre Potentiale auszuschöpfen und unsere blockierte Existenz zu entfesseln, schon in diesem Leben wäre ein Stück Himmel auf Erden möglich.

„Die Seele ist ein Paradies, darin Gott seine Lust hat", weiß Teresa von Avila. Dem Ebenbild, das wir sind, wohnt das Urbild inne. Der Grund allen Seins ist nicht außerhalb von uns selber, weiß Meister Eckhart, sondern ist uns „in-existent". Letztlich ein undurchdringliches Geheimnis - aber es kann aufleuchten am Grund der Seele, als Überhelle des Seins.
Auf die Frage des Mose am Sinai, „wer bist du?", erhält er zur Antwort: „ Ich bin der ‚Ich bin da'." Und Er erscheint ihm als unsagbare Überhelle und absolute Präsenz.
Der Grenzenlose umgibt auch uns wie die Luft zum Atmen, wie das Wasser zum Leben. Er ist der Grund, dass wir mehr sind als wir sind: Teilhabe schon jetzt am Ganzen. Von der Erfahrung des Mose am Sinai wissen wir, Er ist der „Ich bin da". Er umgibt uns von allen Seiten: über, unter, vor und hinter uns als die Innenseite unseres Wesens, als die Liebe aller Liebenden. Mit jedem Atemzug sehnen, hungern und dürsten die Menschen seit Jahrtausenden.
Warum ist Gott Mensch geworden, fragt Eckhart, und er antwortet kühn: „Damit ich Gott werde", damit meint er: Was ewig schon in uns ist, tritt nun ins Offene, als Einswerden mit dem Über-Sein.
Was Liebende dunkel ahnen, realisiert sich als Entfesselung aller Fesseln und Hindernisse. Noch sind wir in der Subjekt-Objekt-Polarität gefangen durch Gedanken und Bilder, die Vielheit des „Dies und Das", wie Eckhart es nennt. In dem Maße, in dem wir aber zu dem kommen, was wir verborgen schon sind, werden wir inne, dieser Urgrund ist anrufbar als grenzenloses Du, als das personal Andere von uns selbst. Wir nennen ihn den „Alles in Allem."

Er wird einst uns antworten auf alle ungelösten Fragen, wenn diese uns wie Schuppen von den Augen fallen, wenn unser Herz alle Schicksalsketten, Leid und Tod abschüttelt. Dann wird im Teil des Bisherigen Ganzwerdung, in der Minderung und im Nichts die Befreiung zur Überfülle. Unsere Endlichkeit stürzt ins Unendliche, im Schauen haben wir staunend Anteil am Geheimnis des Faszinosum.

Der „Alles in Allem“ umfasst den „In-eins-Fall“ aller Gegensätze - von Sein und Nichts, von Tod und Leben. Wenn Er - das grenzenlose Schweigen, wie wir Ihn schon hier erfahren - als der ewige Logos hervortritt, als Seinsfülle, werden unsere kühnsten Träume wahr: Ungelebtes, Verdrängtes stürzt verwandelt leuchtend aus uns hervor als Ur-Licht und Ur-Liebe, vor dessen Glühen alle Rede und alle Begriffe zerbrechen.

Uralte Provokation: „Vox populi vox dei“ – Volkes Stimme Gottes Stimme?

Zur Zeit erleben wir mit, was Machtmissbrauch in der Kirche anrichten kann. In Zeiten der autokratischen Herrschaft von Fürstbischöfen fiel es nicht besonders auf, doch im demokratischen Umfeld fragen sich viele, wie können Typen wie van Elst überhaupt Bischof werden? Wäre nicht ein Votum des Volkes hilfreich?

So war es beim hl. Ambrosius, den wählte das Volk im vierten Jahrhundert, als dieser noch Gouverneur und gar nicht getauft war, per Handzeichen. Die Frage stellt sich: könnte nicht eine aktivere Mitwirkung des Volkes das Risiko von Fehlbesetzungen mindern, wie das in Chur, Limburg und anderswo sichtbar wurde?

Papst Franziskus allein kann das Problem nicht lösen. Er braucht kompetente Mitarbeiter. Als van Elst wegen seines luxuriösen Lebensstils in die öffentliche Kritik geriet, stärkten ihm einige Kardinäle in Rom sowie Joachim Meisner in Köln den Rücken. Offenbar schlägt die Stimme des Heiligen Geistes bei „rechten“ Kirchenmännern so mächtig durch, dass das uralte Prinzip „vox populi vox dei“ in Vergessenheit gerät. Heute sähen diese „Hüter der reinen Lehre und Tradition“ bei stärkerem Hören auf Volkes Stimme wohl bald die hierarchische Struktur der Kirche gefährdet. Ist sie aber nicht. Denn bei der Ernennung des derzeitigen Bischofs von

Passau hat Papst Franziskus gut zugehört und indirekt Volkes Stimme „mitwirken“ lassen bei der Wahl eines volksnahen und kompetenten Seelsorgers. Nicht „hochdemütige“ Diener des Herrn braucht es, die - oben angekommen - sich als besonders autoritär erweisen, wie das bei van Elst der Fall war.
Im Übrigen: Jesus hielt die Wahl des Judas zum Apostel nicht für eine Fehlbesetzung, er war für ihn geradezu „notwendig“ für das Drama seiner Verurteilung, für die Erlösung durch Kreuz und Auferstehung.

Das oben erwähnte „vox populi vox dei“ ließe ein uraltes Glaubenswissen in der Kirche wieder aufleben. Volkes Stimme ist Gottes Stimme, ein Prinzip aus vorhierarchischer Zeit der Kirche, da man den Heiligen Geist nicht nur oben in der Hierarchie, sondern auch konkret im Volk als präsent und wirksam glaubte. Nicht nur auf dem Petrusamt ruht die Verheißung, „Ich bin bei euch alle Tage bis zum Ende der Zeiten“, sie gilt auch der Gesamtkirche. Deshalb nannte Kardinal Döpfner im Anschluss an das II. Vatikanum die Kirche eine „Baustelle“ - sie muss umgebaut werden, ist besonders in ihren Strukturen erneuerungsbedürftig.

Im demokratischen Umfeld, da das Volk seine Vertreter vom Gemeinderat bis zum Bundestag wählt, wäre eine stärkere Mitverantwortung angebracht, etwa ein Votum des betroffenen Volkes bei der Wahl der Bischöfe durch den Papst. Die geringe Bedeutung der Pfarrgemeinderatswahlen liegt wohl darin, dass Pfarrgemeinderäte wenig Möglichkeiten zu verantwortlicher Mitgestaltung haben. Wie sollen sie mitreden etwa bei der Wahl eines neuen Pfarrers, wenn es kaum welche zur Auswahl gibt?
In allem ist zu hoffen auf das Wirken des Gottesgeistes, dessen Wege und Pläne allerdings nicht die unseren sind. Oder doch? Vox populi vox dei! Volkes Stimme Gottes Stimme? Wäre uns Glaubenden das mehr bewusst, es könnte mehr Freude und Lust auf Gott und Kirche geben.
Es gilt, diese göttliche Stimme, sein Leben und Wirken in uns und um uns immer wieder neu zu entdecken.

Vom Machen, Lassen und der Leichtigkeit des Seins

Was uns oft kaputt macht, ist paradoxerweise die Haltung des Habens und Machens. Dadurch werden wir zu Wesen, die eigentlich nie genug haben, Hektik oder mindestens das unruhige Gefühl spüren: etwas musst du doch tun! Der „Macher" in uns sollte ab und zu einem Innehalten Platz machen und beginnen mit einer Art Bestandsaufnahme:
Das erfordert, manche Illusionen, die Selbstüberschätzung sowie die ewig unzufrieden stimmende Neigung zum Perfektionismus aufzugeben. Denn dahinter steckt nicht nur ein Vorgang der Kompensation unserer Defizite, sondern unter Umständen die unbewusste Leugnung unserer Endlichkeit, latentes „Sein-wollen-wie-Gott".
Inneres Handeln heißt sich sagen: Bilde dir nicht ein, aus eigenem Bemühen dich aus deiner Misere befreien zu können, da du wieder einmal stöhnst mit dem verdammten „Wo ist"? Wo habe ich bloß den Schlüssel oder jenes Buch hingelegt? Wie wäre es, es einmal mit der „negativen Intervention" zu versuchen? „Du musst den Schlüssel oder das verlegte Buch gar nicht finden." Wichtig ist, dass du konkret bei dem „andockst", der um all dein Vermisstes weiß.

Nur was man liebt und annimmt, kann man verändern. In der Sprache der Bibel, etwa des Evangelisten Johannes, heißt das: „Alles, was mein ist, ist dein und was dein ist, ist mein." (Joh 17,10)

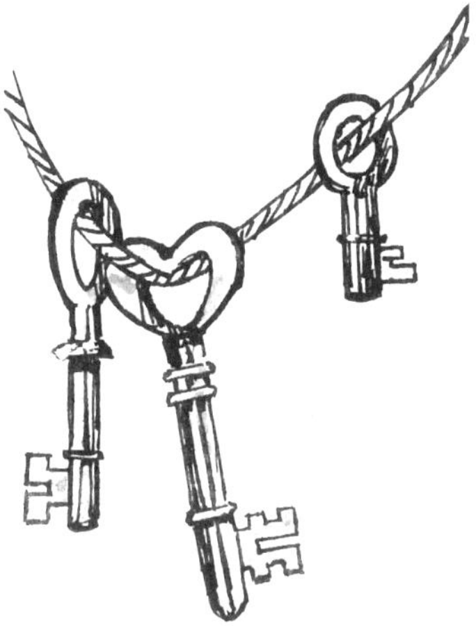

Sich selbst enteignen an den, dem alles gehört, der aber nichts verlangt, weil er dich liebt wie ein guter Vater. Dies könnte zur Haltung führen: Von mir hängt nicht alles Gelingen und Glücken ab. Ein vertrauensvoller Aufblick zum Grenzenlosen hilft, den inneren „Macher" zu verabschieden und sich nicht mehr zu überfordern. Es genügt, dass wir das uns Mögliche tun - von Eile und alle Probleme lösen müssen steht nirgends etwas geschrieben - vom Zwang, unbedingt den vermissten Schlüssel oder das verlegte Buch zu finden.
Theologisch gesehen heißt das also, das kleine Ich hergeben und quasi sterben lassen: Im Tode ist das Leben. Das spirituelle „Stirb und werde" eröffnet ungeahnte Möglichkeiten. Dies ins Bild gesetzt, fand ich bei einem Hausbesuch in einer Wohnung einen Cruzifixus, der am Balken hing, er war ein Leidender, der aufersteht. Der Mystiker unter den Evangelisten, Johannes, nennt das „Verherrlichung", die

tiefste Erniedrigung Jesu am Kreuz ist seine Erhöhung. Im Tod ist das Leben! Deshalb heißt es zu Recht, die Christen sind die größeren Optimisten, in dem Maße, wie sie das Evangelium verinnerlichen und leben.

Man kann dies auch meditativ in die eigene Tiefe hereinholen. Akzeptierst du dein Hängen am Lebenskreuz, so bist du, wie dieser Cruzifixus, schon verborgen „auferstanden" und quasi verherrlicht. Säst du solch einen Gedanken, so macht dich dein Harren und Hoffen zum „Narren", zum „christlichen Toren". Säst du eine positive Überzeugung, „denen die Gott lieben, gereicht alles zum Besten", so verbessert das bereits dein Blutbild. Säst du ein Harren und Hoffen immer wieder, erntest du eine Gewohnheit, säst du eine Gewohnheit, erntest du einen Charakter, säst du einen Charakter, erntest du ein Schicksal.

So etwas Ähnliches erlebte ich in einem Saal voll Rollstuhlfahrer: Die klopften durch Heben und Senken ihres Rollstuhls im Rhythmus der Musik so leidenschaftlich, wie ich Ähnliches von Gesunden selten erfahren habe.
Sie haben keine Hoffnung, einmal gehen zu können, klopften aber „an die Tür" und erfuhren von der Leichtigkeit des Seins.

Vordergründiges und „Hinterkünftiges“

Menschliches Bewusstsein erscheint vielen in der Postmoderne als vordergründiges „Theater“, hinter dem sich die wirkliche Wirklichkeit verbirgt - eine Sicht, von der man wie eh und je sagen könnte: Der Mensch denkt und Gott lenkt, aber sein Wirken ist manchmal mit Bildern versehen, die wir erst entschlüsseln müssen. Nach den Psalmen zerbricht er die Waffen des Krieges, seine Macht ist parteilich, Er stellt sich auf die Seite der Notleidenden und Angefochtenen, auf die Seite derer, die sonst niemanden haben, der ihnen hilft. Den Todesmächten, die immer wieder versuchen, die Vorherrschaft zu erringen, stellt Er sich als Gott des Lebens entgegen, als einer, der seine Gerechtigkeit in der Welt aufstrahlen lassen will.

Wir müssen völlig auf Ihn vertrauen, weil alles von Ihm abhängt, zugleich aber uns so einsetzen, als ob alles von uns abhinge. Könnte man nach dem Philosophen und dominikanischem Priester Antonin-Dalman Sertillanges alle Kausalketten analysieren, so käme ein Gott darin nicht vor, da Er - als grenzenloses Sein - nicht als endliche Einzelursache eingefügt werden kann ins Kausalgeschehen. Aber Er „inexistiert“ allem nicht als fassbares „Dies und Das“, sondern als die göttliche Tiefe von allem. Man kann nicht sagen, hier hört das begrenzte Geschöpf auf und da fängt Gott an, da Er, als der Grenzenlose, alle Grenzen überschreitet. Aber gerade deshalb „in-existiert" Er uns, ist uns näher als wir uns selbst, als wirkliche Wirklichkeit, und stiftet fortwährend das vordergründige und hintergründige „Theater". Er nimmt nicht unsere Freiheit, sondern gibt sie uns mit jedem Atemzug - ein Mysterium, das wir nachbuchstabieren, aber nicht begreifen können. Ihm gegenüber sind wir totales Empfangen, das weiterzugeben wir berufen sind. Seitdem Gott in Jesus einer von uns geworden ist, dürfen wir, der Erdenwurm, uns mit diesem Gott auf Augenhöhe sehen. Er ist das Ziel all unserer Sehnsucht, abwesend und anwesend in einem, präsent als göttliches Feuer in der Tiefe, heiliger Boden und „Steh-auf-Kraft" in allen Niederlagen. Wie viele niederdrückende Schicksale es auch gibt, das letzte Wort hat nicht der Erdenwurm mit seinem Absturz in primitive Tierheit. Denn alle „Sisyphos-Situationen" tragen durch sein Kreuz das Vorzeichen von Heil und Rettung. Er, so ist zu hoffen, wird auch den letzten Verlorenen zur Hoffnung und Chance bedingungslosen Angenommenseins. Alle Mauern der Vergeblichkeit wird Er aufbrechen und „fenstern", so dass überhelles Licht hereinbricht in unser Dunkel. Alle Schwerter wird Er zu Pflugscharen umschmieden, so dass wir einst werden, was wir verborgen schon jetzt sind: ein Drama, ausgespannt zwischen Unheil, dem Tod verfallen und doch verborgen schon im Glauben auferstanden. Mag man noch so schuldverstrickt sich gefangen finden hinter den Gitterstäben seiner Zwänge, zu hoffen ist, dass ein Stärkerer alle Fesseln sprengt und uns befreit, in die Überhelle des „Alles in Allem", vor dem die Sonne nach dem Zeugnis der Mystik wie pures Dunkel erscheint.

Schon jetzt trägt alles Wirkliche vom Atom bis zum Menschengeist die Spur eines sich verstärkenden Faszinosums. Vom Körperlichen her nur ein „denkender Erdenwurm", leuchtet das Göttliche auf am Grund der Seele, das Paradies, darin Gott seine Lust hat. (Teresa von Avila)

„Schau, der Himmel ist in dir", singen wir mit Angelus Silesius. Deshalb kommunizieren wir, der Erdenwurm, auf Augenhöhe mit dem Grenzenlosen. Er atmet als unser Lebensodem, seine Allmacht ist präsent in unserer Ohnmacht. Schon jetzt ist Er unser Sinai, heiliger Boden, einer, der sich nennt: „Ich bin der ‚Ich-bin-da-für-euch'."
Geheimnisvolle Präsenz trotz aller Gottesfinsternis und Seinsvergessenheit. Vordergrund und Hintergrund, die ganze Spannweite des Seins will im Menschen hervortreten, eingetaucht werden ins Mysterium. Wir brauchen nach dem Dichter Ringelnatz nur ein wenig vom Vordergründigen ins „Hinterkünftige" zu schauen, um „narrenglücklich" zu sein.

**Welch unglaubliches Geschehen -
wir „schmecken“ Ihn im Brot der Eucharistie**

Essbar gewordene Erde, Brot, zu dem Er sagt: „Das ist mein Leib“ für das Leben der Welt. Unsere eigentliche Wandlung besteht darin, gut zu sein, wie Gott im eucharistischen Brot gut ist. Dies misslingt uns in dem Maße, wie wir uns nur auf uns selbst verlassen.
Deshalb findet sich auf unserem Teller nicht nur Brot, sondern auch manch harte Nuss - denn das Leben gibt uns vieles zu knacken. Auf unserem Teller ist oft auch eine Zwiebel. Sie erzeugt Tränen und soll gesund sein. Ich würde von selbst nie darauf kommen, mir etwas zu nehmen, was zum Weinen ist. Doch das Scharfe, Würzige hindert uns, ein frommer Langweiler zu werden, deshalb mutet Gott uns Trauer- und Freudentränen zu. Das ist von Haus aus eine totale Überforderung für jeden, der spürt, wozu er fähig ist. Doch wir Christen trauen uns das Unglaubliche zu: Mensch zu werden in einer oft unmenschlichen Welt.
Doch Religion zeigt nicht nur krank machende Neurosen, sondern auch eine unglaubliche Kraft der Gesundung. Er, der durch verschlossene Türen schritt, für Ihn sind Mauern „gefenstert“. Obwohl wir so oft nicht weiterwissen, Er ist unser Durchblick.

Schon die Zellgewebe sind erfüllt von Gott, sie sind die „vestigia dei" kreativer Weisheit. Wenn du dort im unzugänglichen Licht dieser Gott bist, wie „göttlich kreativ" hast du deine unscheinbaren Gewebszellen gestaltet. In uns schlägt die Schöpfung noch bewusster ihr Auge auf, um den Schöpfer zu rühmen.

Sie sind das, was sie sind: der Logos inkarniert sich quasi in ihnen. Deshalb kommt die Erforschung der Welt nie an ein Ende: da die „vestigia", die Spuren, umso deutlicher hervortreten, je mehr das Staunen uns den Blick öffnet.

Ein Wort Gottes - in allen Namen ist Er, der heimlich Mit-Präsente und Gesuchte. Je tiefer wir in das Geheimnis eindringen, desto mehr lernen wir das Staunen und Bewundern. Im Kleinsten ist er präsent wie in den Unendlichkeiten des Universums.

Wenn du uns hier hörst und siehst, so nimm unsere Worte des Staunens und Dankes an. Mit Namen aus Jahrhunderten suchen wir dich, wenn schon kleine Gewebszellen Spuren deiner Weisheit sind, nicht nur Sonne und Wolken, Wasser und Meere, so möchte man den Hymnus fortschreiben. Was ist der Mensch, dass er die Wunder der Schöpfung entdecken darf. Je mehr wir das Werk deiner Schöpfung erkennen, umso größer wird unser Erstaunen. Du hast nicht nur uns in deine Hand geschrieben. Der Schöpfer hat offensichtlich seine planenden Absichten „eingeschaffen".

Wenn dich einer auf die rechte Wange schlägt ...

Ist diese Forderung (Mt 5,38-48) nicht reichlich seltsam? Wenn dich jemand auf die rechte Wange schlägt, halt ihm auch die linke hin?! Als die Soldateska ihren Spaß mit ihm trieb, „du bist der Messias, sag, wer hat dich geschlagen?“, da wehrt sich Jesus nicht. Er lebt, was er lehrt.
Doch für uns, so scheint es, ist diese Forderung reichlich überzogen. Die Feinde sollen wir sogar lieben, die uns am liebsten den Kragen umdrehen?! Doch gemach. Heißt es nicht zu Recht: „Das ist der Fluch der bösen Tat, die fortzeugend Böses muss gebären.“
Da das Andere immer das Andere bleibt, kann das Verlangen nach Einheit umschlagen in das Gefühl, von Feinden umringt zu sein. Seit Hitler kann jeder wissen, wie bodenlos die menschliche Wirklichkeit ist. Für ihn war der Krieg eine biologische Notwendigkeit. Es galten die Gesetze der Selektion und der Selbsterhaltung im Daseinskampf der Völker. Gegen diesen Fluch giftiger Feindseligkeit, des rächenden „Wie du mir, so ich Dir“, gibt es nur eine Alternative: wir „entfeinden“ uns und glauben an die gewaltfreie Liebe.
Davon spricht Jesus, wenn er sagt, „wenn dich einer auf die rechte Wange schlägt, halt ihm auch die linke hin“. Er hält sogar sein Leben hin und betet am Kreuz: „Vater, vergib ihnen, denn sie wissen nicht, was sie tun“ - und er stirbt ins Auferstehungsleben des Grenzenlosen.

Dieser sieghafte Lichtkegel inmitten der Dunkelheit, aus der menschliche Geschichte weithin besteht, ist der Grund unserer Hoffnung, dass letztendlich doch Schwerter zu Pflugscharen umgeschmiedet werden können. Europa hat sich so aus blutigen Kriegen erhoben und ein friedliches Miteinander ermöglicht. Hinter allem steht eine Überzeugung, dass „polemos pater pantoon“ („Krieg ist der Vater aller Dinge“) in einen friedlichen Wettbewerb verwandelt werden kann.

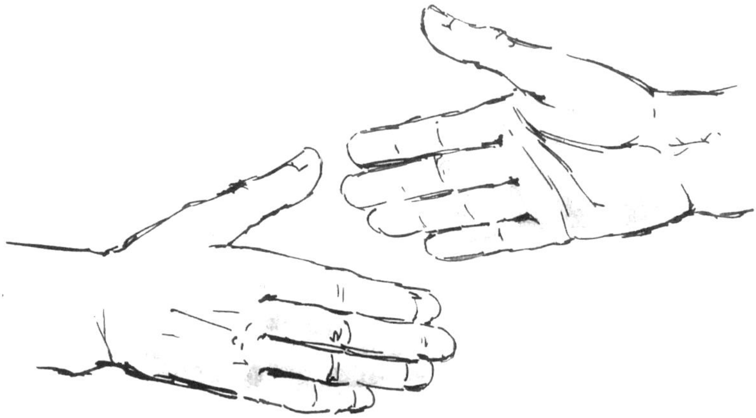

Aber das ist nur die Außenseite. Die Innenseite heißt: Christus steht auf der Seite der Verlierer, nicht der Sieger mit den großen Ellbogen. Sagen wir es ruhig: Inmitten aller Abgründe des Bösen, das man selber tut oder das einem angetan wird: Entweder wir lieben uns oder wir bringen uns um. Von Psychotherapeuten habe ich gelernt: Lieben heißt Hilflosigkeit aushalten. Nur Hilflosigkeit, also irgendwie doch die andere Wange hinhalten, entwaffnet den Feind.

Gottes Mensch gewordene Liebe betet in Jesus: „Vater vergib, sie wissen nicht, was sie tun.“ In der Nachfolge Jesu sind wir gehalten, den Fluch des Bösen gleichsam zu entgiften - die empfangene, nicht rechnende Liebe des Grenzenlosen weiterzugeben. Mir scheint, davon inspiriert haben nach dem Zweiten Weltkrieg Adenauer und De Gaulle in Reims aus der jahrhundertealten Todfeindschaft zweier Völker zwei befreundete Nationen als Grundstock für ein vereintes Europa entwickelt.
Obwohl der Mensch von Haus aus gar nicht friedlich ist - realistisch sagt er, „des Menschen Hausgenossen werden seine Feinde sein“ -, gilt dennoch: Wunder sind möglich, und die gibt es auch unter solchen, die unter einem Dach wohnen, die einen Vorschuss an Vertrauen in das Gute im Anderen wagen, letztlich aus dem Prinzip „wenn dich einer auf die rechte Wange schlägt, halt ihm auch die linke hin“ - wage es, dich zu entfeinden.

Wir sind seins- und schicksalshaft mit Ihm verbunden

Erschreckt stellte ein Mann fest: „Was ist das, ich bin irgendwie gottlos geworden. Ich kann nicht mehr so glauben, wie ich früher an diesen Gott geglaubt habe." Dazu eine Patientin im Krankenhaus: „Als Rebe wird man abgeschnitten, wenn man nichts, keine Lebensfrucht bringt. Nur wenn die Reben heruntergeschnitten werden, wachsen Trauben heran."

Wir sind die Kirche - man sagt ihr einen Reformstau nach. Wagen wir auch ganz persönlich, alte Zöpfe abzuschneiden? Viele Zeitgenossen, die sich hierzulande Atheisten nennen, lehnen nur den kleinkarierten Zuckerbäcker-Gott ab, mit dem sie aufgewachsen sind. Auch das „höhere Wesen", das man sich zusammengebastelt hat, hält nicht den Krisen des Lebens stand.

Der Erschaffer des Universums ist unendlich größer, ganz, ganz anders als wir ihn uns vorstellen können. Doch wir vertrauen darauf, dass das ursprüngliche Grundvertrauen uns durchs Leben trägt - dass Er uns trägt. Wenn schon mein Vater gut zu mir war, mag ich noch so viel Quatsch in der Pubertät angestellt haben, der Unendliche ist ein unendlich gütigerer Vater. Mit Ihm sind wir seinshaft verbunden. In seine Hände lege ich, was noch ungewiss und ungefestigt ist. Auch bisherige Erfahrungen lehren mich, Er hat ein

Auge auf mich, auf uns. In lebensbedrohlichen Situationen tauchte nicht der blinde Zufall, sondern der Einfall auf, den mein Glaube als einen Wink von Ihm deutet. Da gab Er mir den „richtigen“ Impuls, was einem aber meist erst im Nachhinein als solcher zur Gewissheit wird.
1945 wurde die Frage in einer Marschkompanie, die später nach Russland kam, gestellt: Wer meldet sich zu einem Pionierkurs? Sofort ging meine Hand hoch. An sich etwas Verrücktes. Denn Pioniere mussten als Erste Brücken erobern und als Letzte sie verteidigen. Ich wusste aber: damit vermeidest du beim Zusammenbruch die zu erwartende russische Gefangenschaft. Nach meiner Ausbildung zum Pionier ist der „Kriegsschmarren“ vorbei.
Er war noch nicht vorbei. Am Main sollten wir Brücken sprengen. Die Bevölkerung hatte jeden Tag die Zündschnur zur Bombe durchgeschnitten. Als Jüngster sollte ich eine geballte Ladung zur Bombe werfen und - bevor sie hochging - davonrennen. Die Brücke ging nicht hoch, warum, weiß ich nicht.
Der Herr der Geschichte hielt seine Hand auch im weiteren Leben über meine Geschichte und kleinen Geschichten. Lebenslang haben mir viele, viele sog. „Zufälle“ über absurde Situationen hinweggeholfen. Statt zu leben, sollte ich „gelebt werden“. Ich wollte leben, nicht nur beim Bergwandern, und oft umgab Er uns beim nicht ungefährlichen Bergkraxeln. Als Achtjähriger beherrschte ich nur das „Hundspaddeln“, kam an den Kanalwänden nicht hoch, und wurde vor dem Ertrinken gerettet, indem Kameraden mich hochzogen. Bei einer Krebserkrankung vertraute ich darauf, dass die Bestrahlungen dem Tumor an den Kragen gehen. Gingen

sie auch. Immer wieder überstehe ich absurde Situationen, Blackouts, die mir klarmachen, an welch dünnem Faden ich hänge. Wenn mein Nichts in seinem Sein geborgen ist, warum sage ich es ihm nicht?

Die Uhr vor mir erinnert mich daran, dieses „Hängen an Ihm" einzuüben. Mit dem von Pater Lasalle erlernten Wiederholungsgebet kann ich ausdrücken, was Sache ist. Er ist ja nicht nur etwas außerhalb von uns, sondern innerlicher als wir selbst uns sind, Er reicht in uns weiter als unsere kühnsten Sehnsüchte. Mit Ihm bin ich, sind wir schicksals- und seinshaft verbunden.
Warum das nicht ausdrücken im meditativen Gebet? Je nach der konkreten Situation kann man einen Wiederholungstext variieren, zum Beispiel beim Ausatmen: Herr meines Ringens um Nachfolge - Einatmen: Erbarme dich unser! Oder: Ausatmen: Herr Jesus, Herr des Universums, Heiland der Welt! - Einatmen: Erbarme dich unser!

Wozu das Gerenne -
wie eine Maus, die auf der Stelle tritt im Laufrad?

Vorgestern fragte ich jemand: „Wie geht‘s?“ Er darauf: „Abwärts in die Grube.“ Solche Redensart kann Galgenhumor verraten. Aber auch manches Grübeln: Wohin geht denn die Reise? Wozu das Gerenne? Gleichen wir nicht oft jener Maus im Laufrad, die läuft und läuft und doch auf der Stelle tritt?

Vergeblichkeit ist uns wohl vertraut. Selbst Erfolge sind mit Misserfolgen gemischt, „das Sein zum Tode“ nannte Kierkegaard das Alter. Vorstufen machen sich bemerkbar, die Wege werden steiler und länger.

Auf andere Weise melden sich Probleme bei den Jungen: Ein Wunsch, kaum erfüllt, kriegt augenblicklich Junge, Junge! Voller Paradoxien steckt insgesamt das Leben: Wenn wir krank sind, wollen wir gesund werden, sind wir gesund, soll unsere Fitness besser werden, oft schinden wir uns mit viel Sport. Leben wir in der Stadt, treibt uns die Sehnsucht nach hohen Bergen. Sind wir erschöpft oder leiden an kleinen Wehwehchen, rennen wir zum Onkel Doktor. Wir wollen alt werden und dabei jung bleiben.

Die Erfahrung unserer Endlichkeit macht uns ruhelos, sagt Augustinus, bis sie ruhet in Gott. Abwärts in die Grube sinkt nur das Sterbliche an uns.

Mit der Zeit heilen auch alte Wunden, die das Leben uns geschlagen hat. Eines Tages können wir lachen über unsere früheren Torheiten. Früher sangen wir: „Treues Vorwärtswandern Seit an Seit, einer macht den andern stark im Leid." Doch wie geht das, wenn das „Beieinanderbleiben", die Liebe, sich als „Seifenblase" erweist, wie der Volksmund singt und die Scheidungsziffern zu belegen scheinen.
Aber es gibt auch Wunder unbedingter Verlässlichkeit, gerade unter Christen. Sicher hat Ignatius von Loyola recht, wenn er behauptet: „Gäbe es nicht Gottes Gnade, es gäbe keine Sünde, die ich nicht begehen würde." Gottes freie Gnade hält uns im Guten.

Das mit der Maus in ihrem Laufrad, die rennt und rennt und doch auf der Stelle tritt, mag auf den Workaholic zutreffen, der in seiner Sucht, etwas zu leisten, von Termin zu Termin rennt und sich oft zugrunde richtet. Unsere Ruhelosigkeit ist von anderer Qualität, wir rennen nicht wie die „instinkt

geleitete“ Maus. Zwar ist uns das Erreichte zu wenig, aber wir rennen nicht wie die Rennmaus im Käfig der Vergeblichkeit. Bewusstseinserweitert vom Geheimnis der Transzendenz, spüren wir am offenen Grab, das kann doch nicht alles gewesen sein! Wir kriegen gleichsam einen Schlag ins Herz und auf den Kopf: Hat angesichts unserer Sterblichkeit das Gerenne überhaupt einen Sinn? Wovor fliehen wir und wohin zieht es uns?
Wir rennen nicht wie die Maus in ihrem Laufrad, unsere Antriebe sind von anderer Qualität. Viele behaupten, deshalb gebe es die Religion, Gott als den erhofften Lückenbüßer, der uns wie Opium rauschhaft unsere Endlichkeit und Sterblichkeit vergessen lässt. Die Offenheit für das Grenzenlose lässt menschliches Glücksstreben oft scheitern, weil das geliebte „Du“ letztlich nur Statthalterfunktion hat. Am Du realisiert sich das Ich, unser naturgewordener Schrei nach dem Grenzenlosen. „Ich weiß nicht, ob das Leben mich liebt, aber Gott hat mir die Gnade verliehen, dass ich das Leben liebe, seine wunderbaren Geheimnisse.“
„Freut euch, Himmel und Erde, seid euch dessen gewiss, dass Gott lebt, das geringste gute Werk oder das geringste gute Begehren, darüber freuen sich alle Heiligen im Himmel und auf Erden (mit) einer solchen Freude, welche eine ganze Welt nicht fassen kann.“ (Meister Eckhart)

Einen „Kelchcharakter“ hat unser Leben: Gelingt es uns, alles herzugeben, dann läuft alles auf einen Nullpunkt zu und aus dem Geben wird Empfangen: All das Meine wird dein und all das Deine wird mein - um diesen kühnen Tausch betet der Glaube.

Zahnstein - in der Seele und anderswo

Auch wenn man seine Zähne regelmäßig reinigt, der Zahnstein kommt immer wieder. Je kalkhaltiger die Nahrung, desto stärker die Bildung von Zahnstein. - Wenn nach Goethe alles ein Gleichnis ist, dann ließe sich sagen: Es gibt auch einen Zahnstein im System der Kirche.

Der Dichter Dostojewski lässt im Roman „Die Brüder Karamasow" den Großinquisitor auftreten, der sieht, wie der auferstandene Christus ein Mädchen von den Toten erweckt. Sein Gesicht verfinstert sich. Lange blickt er ihn an: „Bist du es?" Da er keine Antwort erhält, fügt er schnell hinzu: „Ich weiß nur zu gut, was du sagen willst. Aber du hast nicht das Recht, noch etwas dem hinzuzufügen, was schon einmal von dir gesagt worden ist. Warum also bist du gekommen, uns zu stören? Morgen werde ich dich richten und dich als den ärgsten Ketzer auf dem Scheiterhaufen verbrennen." (in: Dostojewski für alle, Horst Bienek, Piper, S. 1542)

Der Dichter ist offensichtlich der Auffassung: In der Kirche hätte man keinen „Christus redivivus" geduldet, sondern ihn als Ketzer verbrannt.

Der Zahn der Zeit hat die Gestalt der Kirche zernagt und absolutistisch verändert. Einst wurde Ambrosius von Mailand, bis dato Gouverneur und noch gar nicht getauft, vom Volk per Handzeichen zum Bischof gewählt. Im Chaos des unter gehenden Römerreiches waren die Bischöfe die Stütze des jeweiligen Systems - der Zahnstein der Macht setzte sich an. Eingangs hieß es im Gleichnis: Je kalkhaltiger die Nahrung, desto stärker der Zahnstein, was heißen könnte: Je stärker die Machtstützen in der Staatskirche, desto anfälliger wurde sie für den „Zahnstein", für den Einbruch unchristlicher Mentalität. Mag sein, dass der Aufstieg zur Staatskirche vielleicht historisch notwendig war. Doch der Zwang, ihre Macht zu erhalten, trieb sie zu oft aberwitziger Verfolgung ihrer Widersacher. Für den armen Jesus von Nazareth war etwa zur Zeit der Renaissance-Päpste wenig Platz.

Wir singen „Auf ew'gem Stein erbauet von Gottes Meisterhand". Ob nicht Menschenhand zu viel unmeisterlich mitgemischt hat, zum Beispiel im von Dostojewski kritisierten kirchlichen Absolutismus? „Du hast nicht das Recht, etwas hinzuzufügen, was schon einmal von dir gesagt worden ist." Ein Totschlag-Argument gegen Reformen.
Es ist noch lange nicht ausgemacht, ob die Impulse der Erneuerung von Papst Franziskus auf Dauer - etwa nach seinem Ableben - von neuen Versuchungen zu zentralistischem Machtgebaren frei bleiben. Dank der hierarchischen Struktur der Kirche haben Mächtige das Sagen, und die sind oft gegen Veränderung, weil diese unter Umständen Machtverlust bedeuten kann - sie nennen das eine Gefahr für das „ewige Erbe". Der Zahnstein im System Kirche muss ständig angebohrt und gereinigt werden. Fällig ist auch eine juristisch nicht einzufangende Spontaneität - etwa wie zu Zeiten des Bischofs Ambrosius und anderer Heiliger. Denn der Geist Gottes, so ist zu hoffen, ist immer für Überraschungen gut.

Zeichen des Aufbruchs und der Erneuerung

Die Eucharistiefeier lehrt uns die Kultur des Dankens für das Herüberkommen aller Gaben aus der Hand des Schöpfers, sie öffnet darüber hinaus unsere Augen für das Göttliche in uns. Nicht Glücklichsein macht uns dankbar, sondern umgekehrt: Dankbarkeit macht glücklich und das Leben zum Fest. Was jeden Sonntag in unseren Kirchen gefeiert wird, ist das Leben selbst, in seiner Schwere und Größe, Mitvollzug von Kreuz und Auferstehung Jesu. Mitgekreuzigt und mit auferstanden hat unser Leben teil am Leben des Erlösers.

„Das Auge, mit dem mich Gott anschaut, ist das Auge, mit dem ich Gott anschaue.“ (Meister Eckhart)

So kann der Mystiker unter den Evangelisten, Johannes, verkünden: Licht, Liebe und Leben, das ist es, was uns göttlich macht. Denn in seinem Licht sehen wir und werden wir zum Licht der Welt, finden wir unser wahres Selbst und das Herz aller Dinge: In Ihm hat alles seinen Bestand.

Das Leben ist unsere Religion, jeder Tag, nicht erst wenn es ausdrücklich wird am Wochenende beim Besuch der Messfeier. Als Jesus seine Jünger berief, hat er nicht gesagt: „Wenn ihr fertig seid mit dem Fischen, dann kommt doch heute Abend mal bei mir vorbei“, sondern: „Werft eure Netze weg, kommt!“ - jetzt und für immer.

Eine ziemlich verrückte Zumutung sprach er mit dem Wort aus: „Komm mit!" Und eine ebensolche Verrücktheit, wirklich alles liegen und stehen zu lassen. „Er ist von Sinnen", sagten seine Verwandten.
Und wir? Ihm nachfolgen heißt zwar nicht für alle, unseren Job an den Nagel zu hängen, zu Ihm zu kommen und etwa zum Berufschristen zu werden.
Was uns die Theologen als bleibenden Kern des Brotwunders anbieten, es macht niemanden mehr satt. Am ehesten überzeugt die Deutung der katholischen Theologen Rudolf Pesch und Gerhard Lohfink: Nachdem Jesus lange gepredigt und das Volk lange zugehört hatte, ist es Abend geworden, und sie hatten nichts zu essen. Die Jünger machten den Vorschlag, lass sie fortgehen in die Dörfer, um sich etwas zu kaufen: Also für die Predigt ist Jesus zuständig, um das Essen soll sich jeder Zuhörer selbst kümmern. Jesus sagt hingegen: „Gebt ihr ihnen zu essen." Er predigt vom Reich Gottes, in dem nicht jeder mal gerade so satt wird, sondern von einem Land, in dem Milch und Honig fließen, denn zum Reich Gottes gehört der Überfluss. Deshalb gebot er den Jüngern, sie sollen alle lagern lassen - Mahlgemeinschaft auf dem grünen Gras. Er sprach den Segen und brach die Brote und gab sie den Jüngern. Jesus nahm also das Vorhandene und alle wurden satt.
Für Pesch und Lohfink handelt es sich bei dem Brotwunder nicht um ein irgendwie magisches „Tischlein deck dich", sondern um eine wirkliche Begebenheit. Die Frage heißt nicht: Wie verschwindet der Hunger aus der Welt?
In dem Maße, in dem man die Bergpredigt zu leben wagt, gibt es nicht mehr Arme und Reiche, keine Herren und

Knechte, nicht mehr eine Zweiteilung in Priester und Laien, Hauptamtliche und Ehrenamtliche, eine Zweiteilung von Kult und Leben, sondern das Leben selbst ist die Religion. Manche WGs haben diesbezüglich Modellcharakter: Vom Kleinkind bis zum Greis, alles ist da, Familien und Singles, ehemalige Obdachlose und Strafgefangene leben miteinander unter einem Dach, sie leben nicht aus Büchern, sondern aus eigener Erfahrung; manche Bäuerin hat mehr zu sagen als mancher Theologe.
Es ist, als ob eine Art spiritueller Kernfusion stattfindet. In einer solchen sprengen Wasserstoffatome die schützende Atomhülle, so dass die Atomkerne verschmelzen können, Helium wird dort frei - in solch einer Gemeinschaft, zum Beispiel der „integrierten Gemeinde", werden ungeahnte Energien frei - man kann wohl von Charismen sprechen.
(aus: Christian Nürnberger, Kirche wo bist du?, dtv 2000)

Nur wenige Christen sind zu einem solchen Weg berufen, aber es braucht Zeichen des Aufbruchs und der Erneuerung.

Zu viel Himmel und zu viel Erde in sich?

Der Mensch kann seine Defizite wohl nur deshalb so überdeutlich erleben, weil er ein Vorwissen oder Ahnen hat vom transzendierend Umfassenden: vom Himmel. Es muss etwas Größeres geben als das jämmerliche „Dies und Das", mit dem man sich täglich herumschlägt. Überdeutlich leidet der Himmelsstürmer Faust an seinen Defiziten, da er klagt: „Da steh ich nun, ich armer Tor, und bin so klug als wie zuvor." Einem Tier, das ähnlich vergeblich nach Beute jagt, wären wohl Gefühle, wie Faust sie hat, fremd. Der Mensch jedoch hat zu viel Himmel in sich, um sich mit dem Schicksal eines Erdenwurms abfinden zu können. In ihm lebt die Natur gewordene Tendenz, herauszukommen aus aller Beengung durch Krankheit, Not und Tod.

Die Entwicklung vom Baumhaus eines vormenschlichen Wesens zum Erbauer von Hochhäusern und zum Erfinder nennt man Fortschritt, obwohl auch Rückschritte und Tragödien nicht fehlen. Wie kompatibel das Miteinander von Leib, Trieb und Geist ist, das suchen Anthropologie und Gehirnforschung zu ergründen. Der Preis für den Einbruch des Geistes ins Materielle scheint recht hoch zu sein. Überdeutlich spürt der Mensch die Ohnmacht, sich selbst und die Abgründe seines Wesens in den Griff zu kriegen, was ihm den Ruf eingebracht hat, ein „denkendes Tier" zu sein,

was aber angesichts der Grausamkeiten seiner Geschichte eher eine Verharmlosung ist. Wie gesagt, zu viel Himmlisches lebt im Menschen, um sich mit den Grenzen eines Erdenwurms abfinden zu können.
Zu viel „Welt" hat er aber in sich, um ganz „himmlisch" zu sein. Seine Sterblichkeit trifft ihn bis ins Mark, er erfährt sich als Wesen der Angst vor dem „Nichts" und drohender Vernichtung (Kierkegaard/Heidegger). Aber sein Glaube an die Unsterblichkeit lässt ihn spüren: sein Ende ist auch sein Anfang. Dort, wo er schreit, „mein Gott, warum hast du mich verlassen?", wo er diesen Schrei nicht mehr zurückhalten kann, berührt er am Ende etwas, das nicht mehr Unglück, Welt und Tierheit, sondern himmlisch ist (Simone Weil), nicht mehr die „Verderbtheit der Natur" (Martin Luther), sondern so etwas wie die Leichtigkeit des Seins.
Das Tun des Guten wird ihm quasi zur zweiten Natur, im Füreinander-da-sein, etwa in einer Familie, ist das nicht mehr reine Utopie. Es hat etwas vom Geheimnis nachösterlicher Erfahrung an sich, wenn nicht mehr verschlossene Türen und große Ellbogen zählen. Gewiss hat der Mensch weiter zu viel Welt in sich, um ganz himmlisch zu sein, aber Gott ist nicht mehr unsere „Milchkuh", in deren Stall wir nur gehen, wenn wir sie melken wollen. Sich Ihm nähern wollen ohne Absichten und Hintergedanken, das hieße Ihn lieben.
Ja, ein Stück Himmel auf Erden ist möglich, da man ausruft: „Ich finde es herrlich zu leben!" - Wir benötigen den Aufblick ins Himmlische, um der schier allgegenwärtigen Resignation zu widerstehen, um der Enttäuschung die Täuschung zu nehmen. Notwendiger denn je scheint das

kreative Miteinander von „himmlisch“ und „irdisch“/weltlich, damit das „denkende Tier“ mit seiner Brutalität nicht überhandnimmt. Wir vertrauen der Zusage, da der Mensch gewordene Gott in Jesus uns versichert: „Nichts wird euch unmöglich sein!“ (Mt 19,26)

Denn all unsere Träume und Ideale sind nur Vorformen einer neuen Realität, eines neuen Himmels und einer neuen Erde: himmlisch und irdisch/weltlich in einem.

Zwischen Tragödien und Realutopien

Vom Schriftsteller und Philosophen Michel de Montaigne (1533-1592) stammt das Wort: „Sei kein Narr der anderen! Tue das deine. Erkenne dich selbst!"
Vieles, was wir Menschen anstellen, kommt nicht aus uns selber, sondern ist fremdbestimmt. Kein Narr der anderen sind wir, wenn wir die uns vom Schicksal zugedachten Aufgaben lösen. Fremdbestimmt sind manche VIPs hingegen, welche die Wichtigkeit ihrer Person mit dem Hinweis auf den gefüllten Terminkalender belegen. Am Helfersyndrom leidend, können sie oft nicht Nein sagen und ihre Grenzen akzeptieren. Lösbar wird dieses Leiden, je mehr man sich von unbewussten Regungen trennt und von innerem Druck befreit. „Tue das Deine, nicht das, was man denkt, tut oder unterlässt", fordert Montaigne.
Nicht das „Seine" tat ein Mann namens Trophim in einer Erzählung Tolstois. Er hatte einen reichen Mann ermordet und dessen Besitz an sich gerissen. „In einer Welt, da Glauben und Vertrauen ausgelöscht sind, die Angst als Alleinherrscherin regiert, dort ist von allen alles zu fürchten, da der Anruf des Gewissens nicht mehr gehört wird." (Helmut Kulm, Begegnung mit dem Sein, S. 19)
Dieser Anruf wird um so mehr überhört, je mehr wir „in einer Welt leben, da man so tut, als ob es Gott nicht gäbe,

oder einen Gott, der uns verlässt oder nur als Leidender präsent ist.“ (Dietrich Bonhoeffer)
Erkenne dich selbst und deine Welt und auch die Grenzen und Abgründe des eigenen Seins. Mit bitterer Ironie nannten im letzten Krieg die Landser Hitler den „Gröfaz“, weil Goebbels ihn nach ersten Blitzsiegen zum größten Feldherrn aller Zeiten hochgelogen hatte.
Weil die Nachkriegsgeneration das Erinnern an die Katastrophe weithin verdrängte, statt sie aufzuarbeiten, wächst ein beängstigender Rechtsextremismus heran. Heinrich Heine würde sich wohl im Grabe umdrehen ob so viel politischer Unbedarftheit und stöhnen: „Denk ich an Deutschland in der Nacht, bin ich um den Schlaf gebracht.“ Montaignes Forderung, „erkenne dich selbst, tue das Deine“, hieße auch, die historische Erinnerung zu pflegen, um Geschichte nicht wiederholen zu müssen.
Die Erinnerung ist aber auch erfreulich: Nicht Morgenthau hat gesiegt, der Deutschland deindustrialisieren wollte, damit keine Kriege mehr von diesem Volke ausgehen. Mit der Einbindung in Europa ist diese Gefahr gebannt. Aus Feinden wurden Freunde. Das Einstehen der USA für die eingeschlossene Stadt Berlin war eine der Voraussetzungen für den Mauerfall.
Unsere Geschichte kennt seit dem Dreißigjährigen Krieg nicht nur viele Tragödien, sondern auch das wunderbare Zusammenspiel von Ost und West, als um 1989 die Wiedervereinigung geschah. Dass es zu keiner neuen Isolation Deutschlands kommt, hängt von dessen Selbstbescheidung und dem Vertrauen der Nachbarn ab. Die einstige Zerfleischung des Kontinents ist Geschichte, solange die Starken Schwäche zeigen und den Schwachen unter die Arme greifen. Realutopie?

Alles ist mit allem verwoben und letztlich eins

Selbst Mephisto ist nach Goethes Faust eingebunden in ein universales Geschehen; er tritt im Himmel auf als Geist, der Böses will und Gutes schafft. Ironisch nennt er den Menschen einen „kleinen Gott der Welt“, der aber statt göttlich vollkommen eher unverbesserlich sei; ein Wesen, das sich überschätzt, zur Hybris neigt und sich seiner Geschöpflichkeit nur bedingt bewusst ist. Der Verführer Mephisto meint: Der Mensch würde besser leben, wenn Gott ihm nicht einen Schein des himmlischen Lichts gegeben hätte. Denn er setze das Licht der Vernunft verkehrt ein und sie werde ihm nur zur Plage, da er tierischer sei als jedes Tier. Mephisto verdreht die Lehre vom gütigen zum gnadenlosen Gott. Analog gnadenlos urteilt er auch über den Menschen, dieser missbrauche nur seine Gaben. Der Widersacher hat nur begrenzten Durchblick, kann keinen göttlichen Heilsplan für den Menschen erkennen. Die Frage Gottes an ihn, ob er über den Menschen nichts anderes vorzubringen habe als nur Anklagen, lässt ihn verstummen. Denn als Teufel habe er eher Mitleid mit den Menschen.

Die Fähigkeit zu transzendieren und mit allem verbunden zu sein, weckt im Menschen das Bedürfnis nach Solidarität, zu helfen; angestoßen wird diese Fähigkeit oft weniger durch Predigt oder Belehrung - für Kinder spenden oft auch Nichtkirchgänger -, es ist die Fähigkeit zur Partizipation, man fühlt sich mit allen verbunden, irgendwie ist die Menschheit *ein* Mensch. Das verpflichtet.

Wenn innere Türen sich öffnen, kann sich die Erfahrung einer Wirklichkeit zeigen, die eins ist und nur eins sein kann. Darüber berichtete jemand etwa so: „Ich saß nur da und staunte vor dem, was ist: alles ist miteinander verwoben. Die Welt insgesamt ist ein lebendes Wesen. Gewiss, die Dinge sind wie sie sind. Draußen höre ich eine Krähe schreien: Krah, Krah, Krah. Aber die vom Intellekt stammende Unterscheidung der Dinge ist vordergründig und kann nur bedingt erkennen, was im Weltlauf geschieht."

So ist vor dem intuitiven und naturwissenschaftlich wachen Blick Teilhard de Chardins (1881-1955) selbst die Materie nicht materiell - sondern geistartig - nicht zuletzt die Welt des Atoms. Alles Sein ist „theophan", weist über sich hinaus auf den universalen Grund der Wirklichkeit.
Es gibt auch heute Zeitgenossen, welche diese grundsätzliche Offenheit für das Mysterium wahrnehmen: „Da war nur Unendlichkeit. Aber dieses Wort hatte jetzt eine ganz andere Bedeutung. Es gab alles und es gab es doch nicht. Da war kein unruhiges Kommen und Gehen, nicht ‚Alpha' und nicht ‚Omega', kein Vorher und kein Nachher - und kein Nicht-Sein. Mein bisheriges Glaubensgebäude schmolz vor meinen Augen zusammen, alles war viel, viel einfacher. Was zurückblieb, war die Gewissheit, dass ich nicht das bin, was ich gemeint habe zu sein, dass alles einer umfassenden Einheit entspringt und ihr in-existiert. Eine tiefe Ehrfurcht vor

allem erfasste mich, auch vor meiner eigenen Würde. Diese Erkenntnis war gepaart mit einer großen Demut, aber auch dem Auftrag, Erfahrenes weiterzugeben, mitzuhelfen, dass die Menschen von der Oberfläche der Dinge dorthin finden, wo ihre tiefste Sehnsucht meist unbewusst zu Hause ist."

Mir scheint, in dem Maße, wie wir selber diese Verbundenheit ahnen und hervortreten lassen, was umfassend ist, wird mehr Ehrfurcht vor der Schöpfung und mehr Respekt voreinander und Sympathie füreinander unser Dasein erhellen.

Nimm dir Zeit zum Arbeiten
es ist der Preis des Erfolges.

Nimm dir Zeit zum Denken
es ist die Quelle der Kraft.

Nimm dir Zeit zum Spielen
es ist das Geheimnis ewiger Jugend.

Nimm dir Zeit zum Lesen
es ist der Brunnen der Weisheit.

Nimm dir Zeit freundlich zu sein
es ist der Weg zum Glück.

Nimm dir Zeit zum Träumen
es bringt dich den Sternen näher.

Nimm dir Zeit zum Lieben und Geliebtwerden
es ist das Privileg der Götter.

Nimm dir Zeit, dich „umzuschauen"
der Tag ist zu kurz, um selbstsüchtig zu sein.

Nimm dir Zeit zum Lachen
es ist die Musik der Seele.

Ein altes irisches Gebet

Raum für eigene Gedanken und Notizen

Raum für eigene Gedanken und Notizen

Raum für eigene Gedanken und Notizen

Raum für eigene Gedanken und Notizen

Raum für eigene Gedanken und Notizen

Raum für eigene Gedanken und Notizen

Franz Schumann

Wachsam für das Andere

128 Seiten
ISBN: 978-3-941013-96-4
1. Auflage 2012

I. In den Zumutungen oft harter Schicksale

II. In Zwängen und Krisen

III. Wachwerden für das Erhellende

Franz Schumann

Wachsam für das Nahe und Ferne

112 Seiten
ISBN: 978-3-95551-045-9
1. Auflage 2013

HOPE - Ja, ich glaube an Gott und bete trotz allem

Die Hoffnung ist es, die einen weiterleben lässt. Gerade junge Mensche brauchen Hoffnung, um den Weg ins Leben zu schaffen. In diesem Buc sind Gebete gesammelt, die allesamt etwas mit dem Thema Hoffnun zu tun haben. Es sind Texte, die Schülerinnen und Schüler der achte bis zehnten Klasse aller Schularten im Gebiet der Diözese Augsburg zur Gebetswettbewerb „Hope" eingesandt hatten. Den Wettbewerb veran stalteten das Schulreferat, die Diözese Augsburg, das Bischöfliche Ju gendamt und der Bund der Deutschen Katholischen Jugend.

ISBN 978-3-941013-07-0, **6,00 €**

Lebensspuren - Glaubensspuren

In einer knappen Einführung wird das Leben von Anna Höß, die späte einmal als Heilige Crescentia so vielen Menschen neuen Mut schenke sollte, beschrieben. Die beiden Klosterschwestern Franziska Stahl und Irene Schlegel haben 32 Einheiten aus Bild, Crescentiaworten und kur zer Motivgabe gestaltet, die jeweils zu einer Meditation einladen.

ISBN 978-3-930888-70-2, **2,00 €**

Der Liebe Gott ist überall

Der kleine Jonas ist sechs Jahre alt. Er findet das Leben schön mit seinen Eltern, seiner Schwester, seinem Teddy Paul und seine Freunden. Er stellt viele Fragen. So will er eines Tages wissen, wo er den lieben Gott finden kann.

ISBN 978-3-95551-007-7, **10,00 €**

Jesus - Ein Freund des Lebens

In dem Buch „Jesus – ein Freund des Lebens" begeben sich der Ottobeurer Künstler Diether Kunerth und der Rothenbur ger Pfarrer Helmut Ballis gemeinsam auf eine Reise durch das Leben Jesu. Jeder der beiden Buchautoren spürt ihm da bei auf seine eigene Weise nach: Der Künstler mit großfor matigen, farbintensiven Bildern, der Theologe mit einfühlsa men, nachdenklich machenden Worten.

ISBN 978-3-941013-85-8, **14,00 €**

Naturgeschichte Allgäu

Die Natur steckt voller Geheimnisse - es gibt viel zu entdecken! Das Buch „Naturgeschichte Allgäu" soll einerseits das Interesse des Lesers für die Natur wecken, andererseits für die zunehmende Bedrohung der Tier- und Pflanzenarten sowie deren Lebensraum sensibilisieren.

ISBN 978-3-941013-80-3, **26,00 €**

Der Wolfgangsweg

Der heilige Bischof Wolfgang von Regensburg zählt zu den bedeutendsten Heiligen in Bayern und Österreich. Seit Jahrhunderten besuchen Wallfahrer die Stätte seines Wirkens. In diesem praktischen und reich bebilderten Führer wird nun ein neuer Pilgerweg detailliert vorgestellt, der sowohl als Fuß- wie auch Rad-Pilgerweg von Regensburg nach St. Wolfgang führt.

ISBN 978-3-95551-027-5, **17,00 €**

Zauberhaftes Rothenburg

Ein literarischer und photographischer Spaziergang.

Seit Jahrhunderten wird die Stadt Rothenburg o.d.T. bewundert und beschrieben. Darunter Schriftsteller, Musiker, Nobelpreisträger
und Heimatdichter, Historiker und Kunsthistoriker.

ISBN 978-3-941013-97-1, **20,00 €**

Bad Birnbach

Das ländliche Bad - Eine Erfolgsgeschichte

Dr. Stefan Rammer, PNN:
„Besser kann man eine Ortsgeschichte gar nicht machen. Was die Autoren da vorlegen, ist Porträt eines Dorfes durch die Jahrhunderte bis in die Moderne..."

ISBN 978-3-941013-09-4, **18,00 €**